Marija Ravlic

Der Wegweiser zum universellen Glück

Die Autorin

Marija Ravlic, geborene Stefanovic, ist haupt-
beruflich leitende Angestellte, absolvierte zusätzlich
eine Ausbildung zum Lebenscoach und Mediator
und hilft nun schon seit vielen Jahren ihren
Mitmenschen mit ihrer positiven Lebenseinstellung
und Neuprogrammierung des Gedankengutes. Sie
lebt und arbeitet in der Nähe von Wien und erfreut
mit ihrer abstrakten Kunst bereits seit Jahrzehnten
ihre Mitmenschen. Dieses Buch ist ihr erstes Werk,
mit dem sie viele Menschen erreichen und auf dem
Weg zum Glücklichsein unterstützen möchte.

Marija Ravlic

Der Wegweiser zum universellen Glück

Impressum

Die automatisierte Analyse des Werkes, um daraus
Informationen insbesondere über Muster, Trends
und Korrelationen gemäß §44b UrhG („Text und
Data Mining") zu gewinnen, ist untersagt.

Bibliografische Information der Deutschen
Nationalbibliothek: Die Deutsche Nationalbibliothek
verzeichnet diese Publikation in der Deutschen
Nationalbibliografie; detaillierte bibliografische
Daten sind im Internet über dnb.dnb.de abrufbar.

Verlag: BoD · Books on Demand GmbH,
In de Tarpen 42, 22848 Norderstedt
Druck: Libri Plureos GmbH, Friedensallee 273, 22763
Hamburg
Copyright © 2024 Marija Ravlic
ISBN 978-3-7693-1464-9

Inhaltsverzeichnis

Vorwort

Dieses Buch ist mehr als nur eine Sammlung von Gedanken – es ist eine Einladung, sich selbst auf eine neue Weise zu entdecken. Als Autorin habe ich jedes Wort mit Bedacht gewählt, um dir Mut zu machen und dich zu inspirieren, dein Leben mit Freude und innerer Stärke zu gestalten. In jedem Kapitel steckt ein Teil meiner eigenen Reise und meiner Überzeugung, dass jeder Mensch die Kraft hat, seine Welt nach seinen eigenen Vorstellungen zu formen.

Ich hoffe, dass meine Worte wie ein freundlicher Begleiter an deiner Seite stehen, dich unterstützen und dir dabei helfen, neue Perspektiven und Ideen zu entdecken.

Zu Beginn möchte ich dir ein wenig über meine Person erzählen, wie ich zu meiner ganz persönlichen positiven Lebenseinstellung gefunden habe und was mich auf diesem spannenden Weg sehr geprägt hat.

Sehr früh begann ich mit meiner Persönlichkeitsbildung. Ich war 17 Jahre alt und fühlte tief in mir ein sehr starkes Bedürfnis, mich persönlich weiterzubilden und zu meiner inneren Ruhe zu finden. Ich wuchs in einer sehr liebevollen Familie auf, hatte aber jedoch immer das Gefühl, zu mir selbst finden zu müssen.

So begann ich mit einem Meditationskurs, der über einige Monate ging. Dieser bestand aus vielen geführten Meditationen und Visualisierungsübungen in der Gruppe. Dieses Wissen wendete ich danach auch täglich alleine zu Hause an und spürte eine tiefe Verbindung zu mir selbst.

Zeitgleich las ich jegliche Bücher über positive Persönlichkeitsbildung sowie diverse Lebenswegweiser, die zu einem glücklicheren Dasein führen sollten. Im selben Augenblick änderte sich mein Leben schlagartig. Diese positive Denkweise, die ich selber nun lebte und die mein Gedankengut umprogrammiert hatte, führte dazu, dass sich all meine Wünsche und Erwartungen meines Lebens im Eiltempo manifestierten.

Ich spürte sehr eindrucksvoll, dass mein Energiefluss nun endlich frei fließen konnte - ohne jegliche Blockade, wie dies zuvor der Fall war.

Meine kreative Ader wurde dadurch ebenfalls erweckt und ich begann meine eigenen Bilder auf Leinwand zu malen. Ich fand meinen Ausdruck in der abstrakten Kunst. Ich begann mit Ölfarben meinen Gefühlen freien Lauf zu lassen und danach stieg ich auf Acrylfarben um. Eine Ausstellung nach der anderen folgte und erfüllte mich mit einer unbeschreiblichen positiven Energie.

Durch das ständige Praktizieren diverser Meditationen, Visualisierungsübungen und selbst kreierter Affirmationen erschuf ich mir mein positives Gedankengut, welches ich über die Jahre perfekt programmiert hatte, das glückliche Leben, welches ich mir immer gewünscht hatte.

Von jeher war es immer meine Intention, meiner Familie, Freunden und Mitmenschen zu helfen, ein erfülltes, glückliches und unbeschwertes Leben zu führen. Ich war immer schon ein Anker für meine Mitmenschen und gebe ihnen durch meine Tipps und Wegweiser viel Stabilität und Unterstützung in ihren unterschiedlichen Lebenslagen.

Ich würde gerne mit diesem Buch allen Menschen, die es gerne annehmen möchten, verschiedene Wegweiser aufzeigen, die sie dabei unterstützen sollen, alles im Leben zu erreichen, was sie sich jemals erträumt haben. Es ist somit nur ein kleiner Schritt, offen zu sein für die Veränderung seines Lebens.
Du wirst sehr bald merken, wie sich alles ineinanderfügt und du leichter, unbeschwerter und glücklicher dein Leben genießen kannst.

Ich hoffe, du kannst dir viele Tipps und neue Sichtweisen aus diesem Buch mitnehmen und verinnerlichen. Sei offen für das Neue und es wird auch dein Leben bereichern und zum Positiven verändern.

Danksagung

Ich möchte mich von Herzen bei all jenen bedanken, die mich auf meiner Reise begleitet und unterstützt haben, während ich dieses Buch geschrieben habe.

Ein besonderer Dank gebührt meinen Lieben und meiner Familie, die mich immer ermutigt haben, meinen Traum zu verfolgen und meine Gedanken zu Papier zu bringen. Eure Unterstützung und euer Glaube an mich haben mir die Kraft gegeben, diese Worte zu formulieren.

Ich möchte auch meinen Freunden und Weggefährten danken, die mir mit ihrer Inspiration, ihren Ideen und ihren Rückmeldungen geholfen haben, meine Gedanken zu formen und mein Schreiben zu verfeinern.

Ein herzlicher Dank geht an all die Experten und Schriftsteller, die mir bei der Recherche und beim Sammeln von Informationen geholfen haben. Eure Arbeit hat dieses Buch bereichert und vertieft.

Schließlich danke ich meinen Lesern, für die ich dieses Buch geschrieben habe. Eure Neugierde und euer Interesse sind die treibende Kraft hinter meinen Bemühungen. Möge dieses Buch euch inspirieren, informieren, unterhalten und euch die Kraft für die bevorstehende Veränderung geben.

In Dankbarkeit,
Marija Ravlic

Der Wegweiser zum universellen Glück

Hat nicht jeder von uns diesen Wunsch nach einem erfüllten und glücklichen Leben? Doch wie können wir es erreichen?

Diese Frage stellen wir uns täglich und sehnen uns nach einem zufriedenen Dasein auf diesem Planeten. Wir wünschen uns eine leichte und unbeschwerte Gegenwart und Zukunft; ein glückliches Zuhause, Erfolg im Beruf, viele schöne Momente mit unserer Familie und unseren Freunden.

Glück – ein Zustand, der ebenso einfach wie tiefgründig ist. Dieses Buch soll dir als Wegweiser dienen, um die Schönheit des Augenblicks, die Kraft der Gedanken und die Magie der Verbundenheit zu entdecken. Das universelle Glück ist kein Ziel, das wir irgendwann erreichen, sondern ein ständiger Begleiter, der in kleinen Momenten und in jeder Ecke unseres Alltags verborgen liegt.

Dieses Glück findest du nicht nur im Außen, sondern vor allem in deinem Inneren. Es liegt im liebevollen Blick auf dich selbst, im Lächeln, das du teilst und im Vertrauen darauf, dass das Leben – selbst in schwierigen Zeiten – immer etwas Gutes bereithält. Dieses Buch möchte dich auf eine Reise mitnehmen, auf der du Schritt für Schritt lernst, dein Herz zu öffnen, loszulassen und das Leben in seiner ganzen Fülle zu umarmen.

Möge es dir als Kompass dienen auf deinem ganz persönlichen Weg zum universellen Glück.

Ein glückliches Leben kann auf verschiedene Arten erreicht werden, da jeder Mensch individuelle Bedürfnisse und Vorlieben hat.

Hier einige allgemeine Wegweiser, die zu einem glücklichen Leben führen können:

1. Selbstliebe:
Liebe dich selbst und akzeptiere dich, wie du bist. Wenn du dich selbst liebst, bist du in der Lage, positive Beziehungen aufzubauen und dich auf das Wesentliche zu konzentrieren.

2. Positives Gedankengut:
Wenn du positiv denkst, fokussierst du dich auf das Gute in deinem Leben und auf die Möglichkeiten, die dir zur Verfügung stehen. Dies kann dazu beitragen, dass du dich motivierter fühlst, Herausforderungen anzugehen und deine Ziele zu erreichen

3. Dankbarkeit:

Sei dankbar für das, was du hast und fokussiere dich nicht auf das, was du nicht hast. Dankbarkeit kann dazu beitragen, dass du dich auf das Positive in deinem Leben konzentrierst und dich zufriedener fühlst.

4. Positive Beziehungen:

Umgib dich mit positiven Menschen, die dich unterstützen und motivieren. Eine gesunde Beziehung zu Familie, Freunden und Partner kann ein wichtiger Faktor für ein glückliches Leben sein.

5. Gesundheit:

Sorge für deine Gesundheit, indem du regelmäßig Sport treibst, dich gesund ernährst und ausreichend Schlaf bekommst. Körperliche Gesundheit kann zu geistiger Gesundheit und Wohlbefinden führen.

6. Persönliche Entwicklung:

Stetige persönliche Weiterentwicklung kann dazu beitragen, dass du dich erfüllt fühlst und ein höheres Selbstbewusstsein entwickelst. Das kann durch das Lernen neuer Fähigkeiten, das Lesen von Büchern oder die Teilnahme an Seminaren erreicht werden.

7. Verbindung mit dem Universum:

Die Idee einer Verbindung mit dem Universum ist ein Konzept, das oft im Zusammenhang mit Spiritualität, Esoterik und Selbstentwicklung diskutiert wird. Es geht im Wesentlichen darum, dass der Mensch Teil eines größeren Ganzen ist und dass es eine Kraft oder eine Energie gibt, die das Universum durchdringt und mit der wir uns verbinden können, um unser Leben zu verbessern.

Zum Beispiel können wir uns mit dem Universum durch Meditation, Gebet oder Visualisierung verbinden. Diese Praktiken können dazu beitragen, unser Bewusstsein zu erweitern und uns helfen, uns auf unsere Werte, Ziele und Träume zu konzentrieren.

8. Sinnhaftigkeit:

Finde einen Sinn in dem, was du tust. Etwas zu tun, dass du liebst und das dich erfüllt, kann ein wichtiger Faktor für ein glückliches Leben sein.

9. Genieße den Moment:

Lebe im Moment und konzentriere dich auf das Hier und Jetzt. Das kann helfen, Stress abzubauen und dich auf das zu konzentrieren, was wirklich wichtig ist.

Diese Wegweiser können dir helfen, ein erfüllteres und glücklicheres Leben zu führen. Letztendlich ist es jedoch wichtig, zu erkennen, dass jeder Mensch seinen eigenen Weg zum Glück finden muss, indem er seine eigenen Bedürfnisse und Vorlieben berücksichtigt.

Ich werde in diesem Buch noch viel tiefer in diese Materie eintauchen, um dich auf deinem Weg zu deiner persönlichen Entfaltung zu unterstützen.

Ich möchte dir viele verschiedene Tipps mitgeben, damit du unbeschwert und zufrieden in die Zukunft blicken kannst und diese Wegweiser in dein tägliches Leben miteinfließen lassen kannst.

Ein ganz wichtiger Aspekt der inneren Zufriedenheit ist das Glück von Innen.

Ja, wahres Glück kommt von innen. Es geht darum, eine innere Zufriedenheit zu erreichen, die nicht von äußeren Umständen abhängt.

Wenn wir lernen, uns selbst zu akzeptieren und unsere Gedanken und Gefühle zu kontrollieren, können wir eine tiefere Ebene des Glücks erreichen.

Glücklich von innen zu sein bedeutet, sich auf das zu konzentrieren, was wir haben, statt auf das, was wir nicht haben. Es geht darum, uns auf den gegenwärtigen Moment zu konzentrieren und zu schätzen, was wir haben, anstatt uns ständig auf zukünftige Ziele und Wünsche zu konzentrieren.

Es bedeutet auch, uns selbst zu pflegen und uns Zeit zu nehmen, um auf uns selbst zu achten. Dazu gehören Dinge wie regelmäßige Bewegung, gesunde Ernährung, genug Schlaf und Zeit für Selbstreflexion und Entspannung.

Insgesamt geht es darum, eine positive Lebenseinstellung zu kultivieren, die uns hilft, Herausforderungen zu bewältigen und uns auf das Positive zu konzentrieren. Wenn wir glücklich von innen sind, können wir auch im Außen mehr Freude und Erfüllung finden.

Wegweiser zur inneren Ruhe und Zufriedenheit

Innere Ruhe und Zufriedenheit sind wie ein sanftes, beständiges Licht, das in uns brennt, wenn wir im Einklang mit uns selbst und der Welt leben. Diese Zustände entstehen nicht durch äußere Erfolge oder das Streben nach immer mehr, sondern durch die Fähigkeit, den Moment anzunehmen, sich selbst mit all seinen Stärken und Schwächen zu lieben und die Kontrolle über den eigenen Geist zu gewinnen.

Der Weg zu innerer Ruhe beginnt mit der Akzeptanz dessen, was ist. Es geht darum, den ständigen Drang nach Veränderung und Perfektion loszulassen und zu lernen, in der Stille des gegenwärtigen Augenblicks Frieden zu finden. Meditation, Achtsamkeit und tiefe Atmung sind mächtige Werkzeuge, um den inneren Sturm zu beruhigen und eine tiefe Verbundenheit mit dem Hier und Jetzt zu erfahren.

Zufriedenheit entsteht, wenn wir unsere Erwartungen an das Leben zurückschrauben und lernen, das zu schätzen, was wir bereits haben. Es ist die Erkenntnis, dass wir genug sind, so wie wir sind und dass wahre Freude oft in den kleinen, einfachen Momenten des Lebens verborgen liegt. Indem wir uns von äußeren Vergleichen befreien und uns auf unsere eigene Reise konzentrieren, können wir Zufriedenheit im Inneren finden.

Dieser Wegweiser zeigt dir, wie du achtsam und geduldig mit dir selbst sein kannst, wie du alte Muster loslässt und dein Leben in seiner vollen Schönheit und Ruhe umarmst

Hier findest Du einige Schritte wie du das erreichen kannst.

Selbstreflexion:

Nimm dir Zeit, um über dein Leben und deine Gedanken nachzudenken. Welche Dinge machen dich glücklich? Was stresst dich? Was sind deine Ziele? Indem du deine Gedanken und Gefühle besser verstehst, kannst du Wege finden, um dich selbst zu verbessern.

Achtsamkeit:

Achtsamkeit bedeutet, sich auf den gegenwärtigen Moment zu konzentrieren und das zu schätzen, was man hat. Praktiziere Achtsamkeit durch regelmäßige Meditation, Atemübungen oder indem du bewusst Dinge tust, die dir Freude bereiten.

Positive Einstellung:

Versuche, eine positive Einstellung zu kultivieren, indem du deine Gedanken und Worte auf das Positive fokussierst. Wenn du auf eine schwierige Situation triffst, versuche, das Gute darin zu sehen und nach Lösungen zu suchen.

Indem du diese Schritte regelmäßig praktizierst, kannst du einen Wegweiser zur inneren Ruhe und Zufriedenheit schaffen. Es erfordert jedoch Zeit und Geduld, um diese Veränderungen zu erreichen und beizubehalten. Sei freundlich und geduldig mit dir selbst und erinnere dich daran, dass kleine Schritte in die richtige Richtung letztendlich zu großen Veränderungen führen können.

Positive Lebenseinstellung schaffen

Eine positive Lebenseinstellung ist mehr als nur ein Optimismus, der in guten Zeiten einfach zu pflegen ist – sie ist eine bewusste Entscheidung, dem Leben mit Zuversicht, Hoffnung und Freude zu begegnen, egal, welche Herausforderungen auftauchen. Sie ist eine innere Haltung, die es dir ermöglicht, das Leben nicht nur zu ertragen, sondern in vollen Zügen zu genießen.

Eine positive Lebenseinstellung kann uns helfen, Herausforderungen besser zu bewältigen und ein erfüllteres und glücklicheres Leben zu führen.

Hier sind einige Tipps, wie du eine positive Lebenseinstellung schaffen kannst:

Positive Gedanken kultivieren: Versuche, negative Gedanken durch positive Gedanken zu ersetzen. Fokussiere dich auf das Gute im Leben und konzentriere dich auf die Dinge, die du schätzt und für die du dankbar bist.

Konzentriere dich auf Lösungen, nicht auf Probleme: Anstatt sich auf Probleme zu konzentrieren, suche nach Lösungen. Fragen Dich: "Wie kann ich das Problem lösen?", anstatt sich über das Problem selbst zu beklagen.

Umgib Dich mit positiven Menschen: Verbringe deine Zeit mit Menschen, die eine positive Einstellung haben und dich unterstützen.

Sei immer freundlich zu dir selbst: Vermeide negative Selbstgespräche und behandele dich selbst mit Liebe und Mitgefühl.

Betone immer das Positive: Finde die positiven Aspekte in jeder Situation, auch wenn es schwierig ist.

Vermeide negative Einflüsse. Vermeide negative Nachrichten, TV-Shows oder Menschen, die dich hinunterziehen.

Pflege ein gesundes Leben: Iss gesund, treibe Sport und vermeide schlechte Gewohnheiten wie Alkohol und Drogen.

Indem du diese Schritte befolgst, kannst du deine Lebenseinstellung positiv verändern und ein glücklicheres und erfüllteres Leben führen.

Eine positive Lebenseinstellung ist keine Garantie dafür, dass das Leben immer einfach sein wird. Aber sie ist der Schlüssel, um auch in den schwierigen

Zeiten das Licht zu sehen und das Leben mit einem offenen Herzen und einem klaren Geist zu umarmen.

Möge deine positive Lebenseinstellung dir helfen, jeden Tag als eine neue Gelegenheit zu sehen und das Beste aus jedem Moment zu machen.

Die Macht der positiven Gedanken

Positive Gedanken haben die Fähigkeit, unser Gehirn neu zu programmieren und uns in einen Zustand des Wohlbefindens zu versetzen. Sie beeinflussen nicht nur unsere Stimmung, sondern auch unsere Gesundheit, unsere Beziehungen und unsere Fähigkeit, Herausforderungen zu meistern.

Positive Gedanken sind der Schlüssel zu einem glücklicheren, gesünderen Leben und zu einem Zustand des inneren Friedens. Indem wir unsere Perspektive ändern und uns auf das Gute in unserem Leben fokussieren, können wir unseren Alltag erheblich verändern.

Denke immer positiv – nicht, weil das Leben immer perfekt ist, sondern weil deine Gedanken die Kraft haben, deine Realität zu gestalten. Indem du deinen Fokus auf das Gute legst und Vertrauen in den positiven Verlauf des Lebens setzt, wirst du mehr Glück, Erfolg und innere Zufriedenheit erfahren. Positives Denken ist eine Entscheidung, die du jeden Tag treffen kannst, und sie hat die Macht, dein Leben zu verändern.

Gedankenhygiene

Gedankenhygiene ist der Prozess, bewusst für die Qualität deiner Gedanken zu sorgen und deine mentale „Umwelt" sauber und gesund zu halten. Sie hilft dir, negative Denkmuster zu erkennen und aufzulösen, die deinen Geist blockieren und dein Wohlbefinden beeinträchtigen können. So, wie du deinen Körper pflegst, solltest du auch deinen Geist pflegen, um inneren Frieden, Klarheit und ein positives Leben zu fördern.

Hier sind einige Prinzipien der Gedankenhygiene, die zu einer positiven Lebenseinstellung beitragen können:

1. Achtsamkeit über deine Gedanken:
Werde dir bewusst, welche Gedanken durch deinen Geist gehen. Achtsamkeit ermöglicht es, automatische negative Gedankenmuster zu erkennen.

2. Positive Affirmationen:
Verwende positive Affirmationen, um deinen Geist mit positiven Gedanken zu füllen. Wiederhole unterstützende Sätze, die deine Überzeugungen stärken.

3. Dankbarkeit praktizieren:

Fokussiere dich auf das Positive in deinem Leben. Jeden Tag drei Dinge zu finden, für die du dankbar bist, kann eine kraftvolle Übung sein.

4. Selbstliebe und Selbstakzeptanz:

Kultiviere eine liebevolle Haltung gegenüber dir selbst. Akzeptiere deine Stärken und Schwächen und vermeide selbstkritische Gedanken.

5. Loslassen von Negativität:

Lasse bewusst negative Gedanken los. Erkenne sie an, aber erlaube ihnen nicht, deinen Geist zu beherrschen.

6. Umgebung beeinflusst Gedanken:

Achte auf deine Umgebung. Eine positive und unterstützende Umgebung kann dazu beitragen, positive Gedanken zu fördern.

7. Bewusste Medienauswahl:

Achte darauf, welche Informationen du konsumierst. Reduziere den Konsum von negativen Nachrichten und wähle Inhalte, die inspirierend und erhebend sind.

8. Visualisierung positiver Szenarien:

Nutze die Kraft der Vorstellung. Visualisiere positive Szenarien und Erfolge in deinem Leben.

9. Entwicklung von Lösungsorientierung:

Stelle dich Herausforderungen mit einer lösungsorientierten Einstellung. Anstatt dich auf Probleme zu konzentrieren, suche nach Wegen, wie du positive Veränderungen herbeiführen kannst.

10. Freundliche Selbstgespräche:

Sprich mit dir selbst so, wie du mit einem Freund sprechen würdest. Vermeide negative Selbstgespräche und setze auf unterstützende, aufbauende Worte.

11. Gratulation zu Erfolgen:

Feiere auch kleine Erfolge. Anerkennung und Belohnung für positive Fortschritte können die positive Einstellung stärken.

12. Grenzen setzen:

Setze klare Grenzen gegenüber negativen Einflüssen, sei es in Beziehungen, im Arbeitsumfeld oder anderen Lebensbereichen.

Gedankenhygiene erfordert regelmäßige Aufmerksamkeit und Pflege. Indem du aktiv daran arbeitest, deine Gedanken positiv zu gestalten, kannst du eine optimistischere und gesündere Lebenseinstellung entwickeln.

Sie ist eine aktive Praxis, die dir hilft, deinen Geist zu pflegen, zu reinigen und zu stärken. Indem du deine Gedanken bewusst steuerst, dich auf das Positive konzentrierst und negative Denkmuster hinterfragst, kannst du einen klareren, gesünderen Geist entwickeln und mehr Zufriedenheit in deinem Leben finden.

Glaubenssätze

Glaubenssätze sind tief verwurzelte Überzeugungen, die wir über uns selbst, andere Menschen und die Welt im Allgemeinen haben. Sie formen unser Denken, Fühlen und Handeln und beeinflussen, wie wir uns und die Welt wahrnehmen. Manche Glaubenssätze stärken uns und geben uns Halt, während andere uns einschränken und unser Potenzial blockieren können.

Glaubenssätze sind Überzeugungen, die wir im Laufe unseres Lebens aufgrund unserer Erfahrungen, Erlebnisse und Erziehung entwickeln. Sie beeinflussen unser Denken, Handeln und Fühlen und können entweder positiv oder negativ sein.

Positive Glaubenssätze können uns helfen, ein erfülltes und glückliches Leben zu führen, indem sie uns unterstützen, uns selbst und unseren Fähigkeiten zu vertrauen. Zum Beispiel könnte ein positiver Glaubenssatz sein: "Ich bin fähig und erfolgreich in allem, was ich tue".

Negative Glaubenssätze können uns hingegen daran hindern, unser volles Potenzial zu erreichen und uns in unserem Leben einschränken. Zum Beispiel könnte ein negativer Glaubenssatz sein: "Ich bin nicht gut genug, um Erfolg zu haben".

Es ist wichtig zu erkennen, dass Glaubenssätze nicht unbedingt die Wahrheit widerspiegeln, sondern lediglich unsere subjektive Sichtweise auf die Welt und uns selbst darstellen. Es ist jedoch möglich, negative Glaubenssätze zu identifizieren und zu ändern, um uns dabei zu unterstützen, ein erfülltes und glückliches Leben zu führen.

Um negative Glaubenssätze zu ändern, müssen wir uns bewusst sein, dass sie vorhanden sind und welche Auswirkungen sie auf unser Leben haben. Wir können dann alternative, positive Glaubenssätze entwickeln und aktiv daran arbeiten, diese zu verinnerlichen und in unser Denken, Handeln und Fühlen zu integrieren.

Es ist auch wichtig, zu betonen, dass Glaubenssätze nicht unbedingt von heute auf morgen geändert werden können. Es erfordert Zeit, Geduld und Übung, um alte Glaubenssätze loszulassen und neue zu integrieren. Aber durch konsequente Arbeit an unseren Glaubenssätzen können wir uns selbst helfen, ein erfülltes und glückliches Leben zu führen.

Ich werde euch hierzu noch einige wichtige Affirmationen aufzeigen, die ihr euch am besten täglich vorsagt und somit eure Gedanken stetig umprogrammiert.

Gute, unterstützende Glaubenssätze sind die Grundlage für ein erfülltes und glückliches Leben. Sie stärken dein Selbstvertrauen, öffnen Türen für neue Möglichkeiten und helfen dir, Herausforderungen mit Zuversicht zu begegnen. Sie sind kraftvolle Gedanken, die dich dazu ermutigen, dein bestes Leben zu leben und deine Ziele zu erreichen.

Was macht einen guten Glaubenssatz aus?
Ein guter Glaubenssatz sollte positiv, stärkend und realistisch sein. Er sollte dir helfen, deinen Wert zu erkennen, dein Potenzial zu entfalten und das Beste aus dir herauszuholen. Gute Glaubenssätze fördern Selbstvertrauen, Optimismus und die Bereitschaft, Veränderungen anzunehmen.
Beispiele für gute Glaubenssätze:

„Ich bin fähig, alles zu erreichen, was ich mir vornehme."
„Jeder Tag bringt neue Möglichkeiten."
„Ich verdiene Liebe, Erfolg und Glück."
„Ich bin genug, so wie ich bin."
„Ich vertraue auf meine Fähigkeiten und Talente."
„Ich kann aus jeder Erfahrung lernen und wachsen."

Programmiere dein Bewusstsein

Stell dir vor, dein Bewusstsein ist wie ein Computer – du kannst die Programme, die in deinem Geist laufen, bewusst auswählen und ändern. Jedes Gedankenmuster, jede Überzeugung und jedes Gefühl ist wie ein Code, der dein Leben beeinflusst. Du kannst lernen, diese Programme zu erkennen und sie nach deinen eigenen Vorstellungen umzuprogrammieren.

Der erste Schritt besteht darin, dir deiner Gedanken bewusst zu werden.

Achte darauf, was du dir täglich sagst und welche Emotionen du wiederholt fühlst. Wenn du feststellst, dass negative oder begrenzende Gedanken dominieren, kannst du anfangen, sie durch positive, stärkende Gedanken zu ersetzen.

Mit wiederholtem Üben wirst du immer mehr Kontrolle über dein Bewusstsein gewinnen. Visualisiere deine Ziele, um sie in deinem Geist klar und greifbar zu machen. Affirmationen, Meditation und das ständige Hinterfragen deiner eigenen Denkmuster helfen dir dabei, das zu werden, was du dir wünschst.

Denn du hast die Macht, dein Leben durch dein Denken zu gestalten. Programmiere dein

Bewusstsein, um das Leben zu erschaffen, das du dir wünschst.

Das Programmieren deines Bewusstseins bezieht sich auf die bewusste Veränderung deiner Gedanken und Überzeugungen, um ein positiveres Leben zu führen. Hier sind einige Schritte, die du ergreifen kannst, um dein Bewusstsein zu programmieren:

Identifiziere negative Überzeugungen: Überprüfe deine Gedanken und Überzeugungen und identifiziere, welche davon negativ sind. Das können Überzeugungen wie "Ich bin nicht gut genug" oder "Ich werde nie erfolgreich sein" sein.

Ersetze negative Überzeugungen durch positive: Ersetze negative Überzeugungen durch positive und bekräftigende Aussagen. Statt "Ich bin nicht gut genug" könnte die neue Überzeugung lauten: "Ich bin wertvoll und habe Fähigkeiten, die ich nutzen kann".

Wiederhole positive Aussagen täglich, um dein Unterbewusstsein auf positive Gedanken auszurichten. Affirmationen können dabei helfen, diese neuen Überzeugungen zu festigen.

Umgib dich mit positiven Menschen und Dingen, die dich inspirieren und motivieren. Vermeide negative Einflüsse, die deine Fortschritte hemmen könnten.

Sei dankbar: Praktiziere Dankbarkeit für das, was du hast und die positiven Veränderungen, die du in deinem Leben erlebst. Das kann dazu beitragen, dass du dich auf das Positive fokussierst und deine Gedanken in eine positive Richtung lenkst.

Indem du dein Bewusstsein programmierst, kannst du deine Gedanken und Überzeugungen auf positive Weise verändern und ein glücklicheres und erfüllteres Leben führen.

Die bewussten Gedanken kontrollieren

Deine Gedanken sind unglaublich kraftvoll. Sie bestimmen nicht nur, wie du dich fühlst, sondern auch, wie du die Welt wahrnimmst und handelst. Um dein Leben aktiv zu gestalten, ist es entscheidend, deine Gedanken bewusst zu programmieren – das bedeutet, die Kontrolle über dein Denken zu übernehmen und es so auszurichten, dass es dir hilft, deine Ziele zu erreichen und deine Träume zu verwirklichen.

Alles, was du regelmäßig tust, wird als automatischer Ablauf in deinem Unterbewusstsein gespeichert. Ebenso wie bestimmte Handlungen dadurch unbewusst ausgeführt werden können, wie zum Beispiel das Treppensteigen, gilt dasselbe für deine Gedanken. Gedanken, die du immer und immer wieder denkst, werden zu einem Denkmuster, das sich mit der Zeit selbstständig macht.

Auf diese Weise kannst du also mit deinen bewussten Gedanken dein Unterbewusstsein programmieren. Alles, was du dafür brauchst, ist Kontrolle über dein Denken. Deine Gedanken zu kontrollieren ist nicht ganz einfach, aber du kannst es trainieren und mit der Zeit immer mehr Einfluss darauf nehmen, wie sie dein Unterbewusstsein beeinflussen. Versuche, immer öfter darauf zu achten, was du gerade denkst und wie du dich dadurch fühlst. Beobachte deine

Denkweise vor allem in Momenten, in denen du aufgebracht bist oder in denen dich andere negative Gefühle aus der Ruhe gebracht haben.

Unterbewusstsein programmieren mit positiven Affirmationen

Indem wir unser Unterbewusstsein bewusst programmieren, können wir unsere Ziele und Wünsche leichter erreichen und positive Veränderungen in unserem Leben bewirken. Die nachfolgenden Affirmationen unterstützen dich dabei, Veränderungen leichter anzunehmen.

Hier einige positive Affirmationen für dein Unterbewusstsein:

„Ich kann meine Gedanken, Gefühle und Emotionen steuern."

„Mein Unterbewusstsein ist voll mit Liebe und Licht."

„Ich kann jede Realität erschaffen, die ich mir wünsche."

„Mein Unterbewusstsein ist frei, neue Überzeugung anzunehmen."

„Ich löse sicher und leicht alle emotionalen Belastungen in meinem Unterbewusstsein."

„Es ist sicher für mich, die Überzeugungen in meinem Unterbewusstsein zu verändern."

„Ich entscheide mich, positive Gedanken zu denken und folge meiner Bestimmung."

„Ich verdiene es, glücklich zu sein und alles zu haben, was ich mir wünsche."

„Mein Unterbewusstsein speichert nur Überzeugungen, die gut für mein Wachstum sind."

„Ich liebe mein Unterbewusstsein und mein Unterbewusstsein liebt mich."

„Ich lasse alle Überzeugungen und Glaubenssätze los, die mit meiner inneren Wahrheit in Konflikt stehen."

„Ich entlasse alle Programmierungen aus meinem Unterbewusstsein, die mein Wachstum blockieren."

„Mein Unterbewusstsein öffnet sich jetzt für Freiheit und Fülle."

Optimismus

Optimismus ist weit mehr als nur eine Haltung. Er ist die Fähigkeit, die Welt durch eine positive Linse zu sehen und zu glauben, dass selbst in schwierigen Zeiten etwas Gutes entstehen kann. Er ist die Kunst, sich auf Lösungen und Chancen zu konzentrieren, anstatt sich von Problemen oder Rückschlägen entmutigen zu lassen.

Optimismus ist eine positive Lebenseinstellung.
Wer optimistisch durchs Leben geht, ist nicht etwa vor Krisen sicher. Doch Menschen mit einer positiven Einstellung erkennen schneller, dass jede schwere Phase auch etwas Gutes haben kann und die Zeiten wieder besser werden.

Optimismus soll auch einen positiven Einfluss auf unsere Gesundheit haben. Demzufolge leiden Optimisten weniger häufig unter Depressionen und Herz-Kreislauf-Erkrankungen. Außerdem haben sie seltener Bluthochdruck; alles Faktoren, die sich positiv auf die Lebensdauer auswirken können. So sollen optimistische Personen eine 15 Prozent höhere Lebenserwartung haben als ihre pessimistischen Mitmenschen.

Hinzu kommt: Optimisten können in der Regel ihre Gefühle leichter regulieren und besser mit Stress umgehen. Sie sind zudem meist lösungsorientierter, kreativer und flexibler. Das wiederum hat laut Wissenschaftlern einen positiven Einfluss auf das allgemeine Wohlbefinden und die Lebensqualität. Mit einer optimistischen Grundeinstellung lebt es sich also nicht nur länger, sondern auch besser.

Hier sind sieben Schritte, die dich in kurzer Zeit zum Optimisten machen können:

1. Nutze die Morgenstunden für dich

Ob du nun mit dem rechten oder linken Fuß aufstehst, ist wohl nebensächlich. Doch wie du in den Morgen startest, kann einen enormen Einfluss auf deinen Tagesverlauf haben. Versuche, dir in der Früh genügend Zeit einzuräumen, sodass du nicht in Stress gerätst. Herrscht Termindruck, sind Pannen vorprogrammiert, und das wiederum könnte den Pessimisten in dir hervorlocken. Nutze die Morgenstunden stattdessen für einen kurzen Lauf an der frischen Luft oder eine Meditation und frühstücke in aller Ruhe. Es hilft, den Tag über ausgeglichen zu bleiben, wenn dein Blutzuckerspiegel konstant auf einem hohen Niveau ist.

2. Verbringe Zeit mit optimistischen Menschen

Wer sich einer Laufgruppe anschließt oder gemeinsam mit anderen Sportbegeisterten ein Online-Workout absolviert, wird sehr wahrscheinlich häufiger joggen gehen oder zuhause sein Training durchziehen als ohne Trainingsbuddies. Ebenso wird es dir leichter fallen, die Welt im positiven Licht zu sehen, wenn du dich mit optimistischen Menschen umgibst. Oder anders: Versuche, Pessimisten so gut wie möglich von dir fernzuhalten.

Wer in deinem Umfeld – egal, ob im Job, in der Familie oder unter Freunden – ist häufig gut gelaunt, motiviert zu spontanen Aktivitäten und hat Krisen bereits erfolgreich überwunden? Was kannst du von diesen Menschen lernen? Verbringe mehr Zeit mit ihnen und lass dich von ihrem Optimismus anstecken.

3. Notiere täglich, wofür du dankbar bist

Unsere Sicht auf die Dinge setzt sich aus Erfahrungen zusammen, die wir bereits gesammelt haben. Waren deine Yogastunden bislang eine Katastrophe, wirst du dem Training eher negativ gegenüberstehen. Ereignisse, die wir wiederum positiv bewerten, fördern unsere optimistische Einstellung. Die beste Strategie dorthin ist ein

Dankbarkeits-Journal. Schreibe dir jeden Abend drei Dinge auf, über die du besonders froh bist – sei es eine Person, eine Sache oder ein Ereignis. Als Hilfestellung können folgende Fragen dienen:

Was ist mir heute gut gelungen?

Wer hat mich heute zum Lächeln gebracht?

Auf was hätte ich heute nicht verzichten wollen?

Worüber habe ich mich heute gefreut?

4. Formuliere positive Gedanken

Die Art und Weise, wie wir unsere Gedanken formulieren, hat großen Einfluss auf unsere Grundeinstellung. Wer viele negative Worte verwendet – zum Beispiel niemals, nicht, schlimm, katastrophal, nervig, ätzend – tendiert eher zum Pessimismus. Übe dich stattdessen darin, deinen positiven Wortschatz auszubauen. Anstelle von "Ich lasse mich heute nicht nerven", sage dir innerlich lieber "Ich kann mich heute gut abgrenzen".

Tipp: Wann hast du zuletzt jemandem ein Kompliment gemacht? Positive Gedanken zu teilen und jemandem damit eine Freude zu machen, stärkt auch deine eigene optimistische Sicht.

5. Teile positive Erfahrungen

Jeder hat mal einen schlechten Tag und seinem Ärger sollte man ruhig Luft machen, anstatt die Gefühle in sich hineinzufressen. Der Königsweg eines Optimisten ist es, die Balance zu finden und immer auch von positiven Erlebnissen zu berichten. Fragt dich jemand nach deinem Wohlbefinden, sei ruhig ehrlich und sprich aus, wenn es dir nicht gut geht. Vergiss aber nicht, auch von deinem neuesten Erfolg im Job zu erzählen, deiner Bestzeit beim Laufen oder dem erholsamen Wochenende am Meer.

Finde dein persönliches Gleichgewicht und gib dem Guten in deinem Leben Stück für Stück mehr Raum; dann ist der Optimist in dir nicht mehr fern.

Begegne Herausforderungen lösungsorientiert

Ein Optimist sieht keine unlösbaren Probleme, sondern Herausforderungen, und für die gibt es immer eine passende Lösung. Einer Sache pessimistisch und hoffnungslos gegenüber zu treten, bringt dich in der Regel kein Stück weiter – und macht nur schlechte Laune. Übe dich stattdessen im Vertrauen und stelle die richtigen Fragen:

Was ist, ganz realistisch, das Schlimmste, was passieren kann?

Was kann ich tun oder wer kann mir helfen, wenn der schlimmste Fall eintritt?

Welche Herausforderungen habe ich in der Vergangenheit bereits bewältigt?

Wie würde ich mit der Situation umgehen, wenn ich keine Angst hätte und mir rein gar nichts passieren könnte?

Auf diese Weise nimmst du einer Situation ihre negative Kraft und kannst ihr lösungsorientiert und mutig gegenübertreten.

Optimisten glauben an sich selbst

Ein optimistischer Mensch glaubt an sich und seine Fähigkeiten. Frage dich:

Was kannst du besonders gut?

Worin bist du besser als andere?

Worauf bist du besonders stolz?

Fokussiere dich auf deine positiven Seiten und verschwende deine Energie nicht auf das, was du (noch) nicht so gut kannst. Was nicht ist, kann schließlich noch werden. Du musst nur an dich glauben und optimistisch bleiben.

Du kannst alles im Leben erreichen mit einer positiven Lebenseinstellung und dem festen Glauben daran, deine Ziele und Wünsche zu manifestieren.

Tägliche Affirmationen können Dir dabei sehr hilfreich sein.

Tägliche Affirmationen

Tägliche Affirmationen sind kurze, positive Aussagen, die man sich selbst sagt, um das eigene Selbstbewusstsein und die positive Einstellung zu stärken. Sie können helfen, negative Gedanken und Zweifel zu überwinden und das Selbstbewusstsein und die Selbstliebe zu stärken.

Hier sind einige Beispiele für tägliche Affirmationen:

Ich bin genug.

Ich bin einzigartig und wertvoll.

Ich bin stark und werde jede Herausforderung meistern.

Ich bin in der Lage, meine Ziele zu erreichen.

Ich bin dankbar für all die positiven Dinge in meinem Leben.

Ich liebe und akzeptiere mich selbst, so wie ich bin.

Ich bin fähig, mein Leben zu gestalten und meine Träume zu verwirklichen.

Ich bin umgeben von Liebe und Unterstützung.

Ich bin der Schöpfer meines eigenen Glücks.

Ich vertraue mir selbst und meinen Entscheidungen.

Ich vertraue dem Prozess des Lebens.

Es ist am besten, tägliche Affirmationen in die Morgen- oder Abendroutine einzubauen und sie laut oder leise zu wiederholen. Es kann auch hilfreich sein, sie aufzuschreiben und an einem Ort aufzuhängen, an dem man sie jeden Tag sehen kann. Durch die tägliche Wiederholung von positiven Affirmationen kann man das eigene Selbstbewusstsein und die positive Einstellung stärken und ein glücklicheres und erfüllteres Leben führen.

Gesundheit

Affirmationen können sich positiv auf deine Körperwahrnehmung auswirken. Sie helfen dir dabei, dich wieder stärker mit deinem Körper verbunden zu fühlen. Du kannst neue Energie tanken und gesünder durch dein Leben gehen.

Ich liebe jede Zelle meines Körpers.

Ich achte auf die Bedürfnisse meines Körpers.

Mit jedem Tag wird mein Körper ausdauernder, stärker und beweglicher.

Mein Geist und mein Körper sind eins.

Ich gebe meinem Körper das, was er benötigt.

Jeden Tag fühle ich mich mehr und mehr mit meinem Körper verbunden.

Jeder Atemzug verleiht mir neue Kraft.

Ich spüre die heilende Energie in meinem Körper.

Ich behandle meinen Körper so, wie er es verdient.

Geld

Auch in Sachen Geld eignen sich Affirmationen, um dein Ziel nicht aus den Augen zu verlieren. Egal ob du mehr Geld verdienen möchtest oder sorgsamer mit deinem Geld umgehen willst, Affirmationen eignen sich, um deine Aufmerksamkeit auf dieses Thema zu lenken und dein Verhalten in Bezug auf dieses Thema zu ändern.

Ich genieße es, Geld zu verdienen.
Ich kann sorgfältig mit Geld umgehen.
Ich kann mich glücklich schätzen, wohlhabend zu sein.
Ich werde für meine Leistungen gut bezahlt.
Mit jedem Tag verdiene ich mehr Geld.
Mein Leben ist erfüllt und reich.
Ich verdiene es, in Wohlstand zu leben.
Ich verfüge über genug Geld, um meine Ziele zu erreichen.
Ich bin gut darin, Geld zu verdienen.
Ich arbeite hart für mein Geld.

Beruf & Erfolg

Affirmationen für Beruf und Erfolg

Wenn du im Berufsleben durchstarten möchtest, eignen sich Affirmationen, um dich für den Erfolg zu motivieren. Sie verdeutlichen dir deine Stärken und erinnern dich daran, dass du die Fähigkeiten hast, erfolgreich zu sein.

Ich habe es verdient, erfolgreich zu sein.
Ich gebe immer mein Bestes.
Jeden Tag komme ich dem Erfolg ein Stück näher.
Ich erarbeite mir meinen Erfolg mit rechten Mitteln.
Alles, was ich beginne, kann ein Erfolg werden.
Ich arbeite in meinem Traumjob.
Ich verdiene es, Erfolg zu haben.
Ich verfüge über die nötigen Mittel und Fähigkeiten, um erfolgreich zu sein.
Ich bin kreativ und kann meine Ideen erfolgreich umsetzen.
Ich kann aus allem das Beste herausholen.

Selbstliebe und Positives Denken

Affirmationen eignen sich besonders, wenn du an deiner Selbstliebe arbeiten möchtest. Mit ihrer Hilfe kannst du ein positives Selbstbild gewinnen und dich auf deine positiven Gedanken konzentrieren. So kannst du dein Selbstbewusstsein und dein Selbstwertgefühl stärken.

Ich bin wertvoll.

Ich genüge.

Ich liebe mich mit allen meinen Fehlern und Schwächen.

Ich kann mir und anderen verzeihen.

Jeden Tag fällt es mir leichter, mich so zu akzeptieren, wie ich bin.

Jeden Tag glaube ich mehr an mich und meine Fähigkeiten.

Ich darf schlechte Tage und Misserfolge haben.

Ich verdiene es, Menschen in meinem Leben zu haben, die mich lieben.

Ich bin bereit, mein Leben zu ändern.

Ich weiß, dass mir eine blühende Zukunft bevorsteht.

Partnerschaft & Familie

Neigst du dazu, toxische Beziehungen einzugehen oder leidest unter Bindungsangst, kannst du mit Hilfe von Affirmationen an diesen Problemen arbeiten. Wichtig ist, dass du immer von dir ausgehst. Mit Affirmationen kannst du deine Gedanken verändern, jedoch nicht die deines Partners.

Mit Sätzen wie "Mein Partner liebt mich jeden Tag mehr" oder "Mein Partner akzeptiert mich so, wie ich bin" kannst du nicht viel ausrichten. Versuche stattdessen, an deiner Einstellung zu arbeiten.

Ich bin dankbar für meinen liebevollen Partner und meine Familie.

Ich ziehe die Menschen in mein Leben, die mir guttun.

Ich kann meinen Partner so akzeptieren, wie er ist.

Ich verdiene eine liebevolle und ehrliche Beziehung.

Ich weiß, dass ich den Menschen meiner Träume finden werde.

Von Tag zu Tag kann ich mich anderen Menschen mehr öffnen.

Ich setze auf die Gemeinsamkeiten mit anderen Menschen.

Ich begegne meinem Partner voller Liebe.

Ich interessiere mich für die Belange anderer Menschen.

Jeder Mensch in meinem Leben gibt mir die Chance, etwas von ihm zu lernen.

Abnehmen

Manche Menschen nutzen Affirmationen, um den Diätprozess zu unterstützen. Mit Affirmationen kannst du dich motivieren und ein positiveres Körperbild erzeugen. Dadurch kannst du dich auf die positiven Seiten deiner Diät fokussieren.

Ich fühle, dass ausreichend Sport und eine gesunde Ernährung meinem Körper guttun.

Ich habe die Disziplin, eine Diät durchzuführen.

Ich kann mein Wunschgewicht erreichen.

Ich lebe gesund und ausgewogen.

Von Tag zu Tag genieße ich es mehr, mich zu bewegen.

Es fällt mir leicht, mein Gewicht zu halten.

Ich fühle mich wohl, egal, welche Zahl die Waage anzeigt.

Ich bin stolz auf die Erfolge, die ich bereits erzielt habe.

Ich bin voller Kraft und Tatendrang.

Ich ernähre meinen Körper gewissenhaft und gebe ihm das, was er braucht.

Motivation

Affirmationen für mehr Motivation

Ob du dich nun zum Abnehmen, im Beruf oder für ein Hobby motivieren möchtest, Affirmationen können deine Motivation steigern und aufrechterhalten.

Wenn du dir jeden Morgen Affirmationen zu diesem Thema vorsagst, kannst du produktiv und selbstbewusst in den Tag starten. So kannst du es mit jeder Herausforderung aufnehmen. Auch Motivationssprüche können dir dabei helfen.

Ich habe die Möglichkeit, alles zu erreichen, was ich möchte.
Ich kann mein Leben so gestalten, wie ich es für richtig halte.
Ich habe die Stärke, schwierige Zeiten durchzustehen.
Durch mein Tun kann ich andere Menschen bestärken.
Jeder Tag bietet mir die Möglichkeit, an mir zu arbeiten.
Ich kann aus meinen Fehlern lernen.
Alles, was ich erreiche, verdiene ich.
Ich gebe jeden Tag mein Bestmögliches.
Alles, was ich brauche, trage ich bereits in mir.
Ich habe die Fähigkeit, jede Hürde zu meistern.

Die stärksten Affirmationen

Ich vertraue dem Prozess des Lebens.

Ich trete der Welt mutig und selbstsicher entgegen.

Ich habe die Macht, mein Leben aktiv zu gestalten.

Die Welt bietet unendliches Potenzial und Hoffnung.

Mutig stelle ich mich allen Herausforderungen.

Ich löse mich von Ängsten und Stress.

Ich habe die Kraft, auch schwierige Herausforderungen zu meistern.

Jeder Tag ist ein Schritt auf meinem Weg der Heilung und persönlichen Weiterentwicklung.

Täglich komme ich meinen Zielen näher und entwickle mich stetig weiter.

Ich bin immer göttlich beschützt und behütet.

Ich bin es wert, geliebt zu werden.

Ich ziehe nur Positives und Glück in mein Leben.

Es ist alles im Überfluss für mich vorhanden.

Ich habe die Kraft, alles im Leben zu erreichen.

All diese Affirmationen kannst du dir täglich vorlesen oder im Geiste vorsprechen, bis du sie verinnerlicht hast.

Hier findest du Raum für deine eigenen Affirmationen.

Lasse deinen Gedanken freien Lauf und schreibe deine wichtigsten Affirmationen in den folgenden Zeilen nieder:

_____

_____

_____

_____

_____

_____

_____

_____

_____

_____

Tägliche Meditation

Tägliche Meditation ist eine wunderbare Möglichkeit, um Stress abzubauen, die Konzentration und das Wohlbefinden zu verbessern, die Kreativität zu steigern und das Bewusstsein zu erweitern. Hier sind einige Tipps, wie du eine tägliche Meditationspraxis beginnen kannst:

Finde einen ruhigen Ort: Suche einen Ort, an dem du ungestört und ohne Ablenkungen meditieren kannst. Ein ruhiger Raum in deinem Zuhause, ein Park oder dieNatur können wunderbare Orte dafür sein.

Setze dir ein Zeitlimit: Beginne mit einer kurzen Meditationsdauer von 5 bis 10 Minuten und steigere allmählich die Dauer auf 20 bis 30 Minuten.

Wähle eine bequeme Position: Wähle eine Position, dic für dich angenehm ist, sei es im Schneidersitz, auf einem Stuhl oder liegend auf dem Rücken.

Konzentriere dich auf den Atem: Konzentriere dich auf deinen Atem und versuche, deine Gedanken loszulassen. Wenn Gedanken auftauchen, lass sie einfach vorbeiziehen und kehre zur Atmung zurück.

Nutze geführte Meditationen: Falls du Schwierigkeiten hast, dich auf den Atem zu konzentrieren, können geführte Meditationen helfen. Es gibt viele kostenlose Meditation-Apps und Videos auf YouTube, die dir bei deiner Praxis helfen können.

Praktiziere regelmäßig: Um die Vorteile der Meditation zu erleben, ist es wichtig, sie regelmäßig zu praktizieren. Versuche, jeden Tag zur selben Zeit zu meditieren, um eine Routine zu etablieren.

Durch tägliche Meditationspraxis kannst du eine verbesserte Klarheit und Achtsamkeit entwickeln und ein Gefühl der Ruhe und Gelassenheit in deinem täglichen Leben erfahren.

Hier findest du einige Meditationsübungen:

Meditieren lernen: Wie meditiert man richtig?
Das Wichtigste zuallererst: Gehe es locker an!
Niemand wird von einem Tag auf den anderen gleich Meditationsexperte. Und das ist auch gar nicht nötig! Die Hauptsache ist, dass du deinen Geist beruhigst und innere Ruhe findest – und dich dabei wohl fühlst.

Dass deine Gedanken bei den Meditationsübungen anfangs noch oft abschweifen werden, ist dabei ganz normal. Je mehr du übst, desto leichter fällt es dir dann, dich auf die Meditation voll und ganz einzulassen. Hier gebe ich dir erst einmal ein paar Tipps, wie es mit dem Einstieg in die Meditation klappt.

Anleitung zur Meditation: einige Tipps für die ersten Meditationsübungen

Suche dir einen passenden Ort aus, an dem du Dich wohlfühlst und nicht gestört wirst. Du kannst Dir dabei auch eine Kerze anzünden.

Nimm dir genügend Zeit, um zur Ruhe kommen zu können. Auch nach der Meditation solltest du noch ein paar Minuten einplanen, bevor du wieder in den Alltag eintauchst, damit die Meditation ihre volle Wirkung erzielt.

Trage bequeme Kleidung, in der du gut sitzen kannst.

Probiere ruhig verschiedene Übungen. Wenn dir bestimmte Meditationsübungen guttun und Spaß machen, bleibe dabei. Wenn nicht, probiere einfach etwas anderes aus.

Meditiere zu Beginn lieber in kleinen, regelmäßigen Intervallen. Ein paar Minuten pro Tag reichen anfangs schon aus. Danach kannst du dich Schritt für Schritt steigern.

Beobachte, aber bewerte dich nicht! Sei freundlich zu dir und erkenne an, dass jeder Schritt in deiner Entwicklung gut und wichtig ist.

Sich beim Meditieren wohlfühlen – darunter stellt sich jeder etwas anderes vor. Glücklicherweise gibt es viele verschiedene Meditationsübungen, die du ausprobieren kannst. Darum zeige ich dir hier ein paar Übungen, die du als Anfänger ganz leicht zuhause versuchen kannst. Ich erkläre dir dabei, warum sich die Technik genau für dich eignen könnte und gebe dir eine Schritt für Schritt-Anleitung. Du kannst alle durchprobieren oder einfach mit der Meditationsübung starten, die dir am meisten zusagt. Das bleibt ganz und gar dir überlassen!

1. Mantra Meditation: Meditationsübungen für Anfänger

Eine Mantra Meditation ist ein guter Einstieg für all jene, denen es schwerfällt, sich zu konzentrieren und die ihren Geist beruhigen möchten. Aber auch wenn du ein bestimmtes Ziel vor Augen hast, das du erreichen möchtest, kannst du ein Mantra daraus machen und dies in die Meditation einbauen.
Die Mantra Meditation ist im Prinzip ganz leicht.

Suche dir zuerst ein Mantra aus, mit dem du dich identifizieren kannst. Anfangs kannst du dabei mit Wörtern wie Ruhe oder Frieden starten.

Das Mantra kann jedoch auch etwas sein, das du persönlich erreichen möchtest und aus ganzen Sätzen bestehen wie: Ich öffne mein Herz für Neues.

Sobald du dein Mantra gefunden hast, setze dich hin und schließe die Augen. Nun musst du nichts weiter tun, als das Mantra mental immer wieder zu wiederholen, bis der Geist ruhig und fokussiert wird. Wenn deine Gedanken dabei abschweifen, hole dich einfach wieder zu deinem Mantra zurück.

2. Gehmeditation:

Die Meditation zum Stress abbauen

Wer sich rastlos und gestresst fühlt und sich nicht vorstellen kann, über längere Zeit still zu sitzen, findet sich vielleicht in der Gehmeditation wieder. Aber auch, wenn du arbeitsbedingt den ganzen Tag über sitzen musst, kann dir eine Gehmeditation den nötigen Ausgleich bringen.

Bei der Gehmeditation ist der Name Programm. Alles, was du dazu machen musst, ist nämlich, bewusst zu gehen. Mache dabei ganz langsam und gezielt einen Schritt nach dem anderen. Achte dabei auf deine Atmung und nimm alle Bewegungen und Empfindungen in deinem Körper wahr. Spüre den leichten Windzug auf der Haut und das Gefühl, wenn der Fuß auf die Erde trifft.

Gehe auf diese gemächliche Weise ein paar Minuten lang, um zur Ruhe zu kommen und störende Gedanken hinter dir zu lassen. Fühle, wie du mit jedem Schritt den Stress von dir abstreifst. Ob du dabei im Freien bist oder einfach in Deiner Wohnung auf und abgehst, ist ganz dir überlassen, denn die Gehmeditation wirkt überall!

3. Achtsamkeitsübungen:
Meditationsübung zum Einschlafen

Diese Meditation ist nicht nur die Grundlage für alle Achtsamkeitsübungen, sondern auch ein sehr guter Einstieg für meditative Praktiken. Wenn du gerade abends nicht zur Ruhe kommst, kann dir eine gezielte Achtsamkeitsmeditation auch dabei helfen, besser einzuschlafen.

Lege Dich bequem ins Bett. Höre nun auf deinen Atem und zähle dabei jeden Atemzug. Sobald du bei 10 angelangt bist, beginne einfach immer wieder bei 1. Soo nimmst du dir den Druck, einschlafen zu müssen, gleich weg. Lasse alle Gedanken, Gefühle und Empfindungen, die währenddessen aufkommen, einfach vorbeiziehen, ohne sie festzuhalten. Bewerte sie nicht und kehre stattdessen immer wieder sanft zu deinem Atem zurück.

Währenddessen kannst du in deinen Körper gehen und fühlen, wie sich deine einzelnen Körperteile im Bett ausbreiten und Stück für Stück immer entspannter werden. Schon bald wird sich dein Geist beruhigen und du gleitest sanft in den Schlaf.

4. Meditation mit Musik

Musik baut nicht nur Stress ab, sondern hebt auch die Stimmung. Daher eignet sie sich ganz besonders für die Meditation. Eine Meditation mit Musik ist ideal für dich, wenn du zur Ruhe kommen und zugleich achtsamer werden möchtest. Bei dieser Meditation steht nämlich das Erleben des Klanges im Vordergrund.

Suche dir Musik aus, die du magst und die dich entspannt. Welcher Musikstil das ist, ist dabei völlig dir überlassen. Von klassischer Musik über Jazz bis hin zu New Age ist alles möglich. Ich empfehle dir aber, zuerst einmal mit Instrumentalmusik zu starten.

Setze dich nun hin, atme tief ein und aus und konzentriere dich ausschließlich auf die Musik. Beobachte, was die Musik mit dir macht und welche Sinneseindrücke sie in dir auslöst. Möglicherweise lernst du dabei sogar etwas über dich selbst! Auf jeden Fall wirst du während des Liedes entspannter und gesammelter werden.

5. Visualisierung: Die Meditation zum Loslassen

Möchtest du dir einfach einmal eine Auszeit nehmen oder am liebsten gleich eine Reise machen? Mit der bewussten Visualisierung eines Kraftplatzes kannst du gedanklich verreisen, ohne dich dabei vom Fleck zu bewegen. Dank dieser Meditationsübung kannst du dich immer und überall, wo du gerade bist, zurückziehen, um loszulassen und neue Kraft zu tanken.

Stelle dir einen bestimmten Ort vor, an dem du dich wohlfühlst und Kraft schöpfen kannst. Ob der Ort real ist oder nur in deiner Vorstellung existiert, ist ganz egal! Lasse deiner Fantasie freien Lauf und reise zu einem Strand, einem Seeufer, einer Waldlichtung oder auch zu einer gemütlichen Bibliothek.

Nimm nun möglichst viele Details des Ortes wahr. Welche Geräusche sind dort zu hören? Wie riecht es dort? Achte auch auf deine Atmung und spüre wie du mit neuer Lebensenergie versorgt wirst. Wenn du dich gestärkt und beruhigt fühlst, kannst du den Ort sanft wieder verlassen. Je genauer du dir den Ort vorstellst, desto besser wirkt die Meditationsübung. So hast du deinen persönlichen Kraftplatz, zu dem du immer und überall zurückkehren kannst.

6. Erdung: mit Meditation wieder die Mitte finden

Wenn du das Gefühl hast, dass dir alles über den Kopf wächst und du innere Stabilität suchst, solltest du eine Erdungsmeditation versuchen. Auf diese Weise bringst du Körper und Geist wieder in Einklang und kannst neue Energie für den Alltag schöpfen.

Wurzeln wie die eines Baumes bringen Stabilität und Sicherheit.

Setze dich hin oder lege Dich auf den Rücken. Stelle dir nun vor, dass aus deinen Füßen oder deinem Rücken Wurzeln wachsen. Die Wurzeln durchdringen langsam den Boden unter dir und wachsen dabei über mehrere Stockwerke, bis sie fruchtbaren Boden finden.

Verankere dich nun ganz fest im Boden und spüre, wie die Kraft der Erde über die Wurzeln durch deinen Körper strömt. Beobachte, wie du nach und nach mehr Energie aufnimmst und gleichzeitig ruhiger wirst. Schließlich verlassen die Wurzeln den Erdboden wieder und gehen langsam wieder in deinen Körper zurück – doch die Kraft der Erde bleibt bei dir.

All diese Meditationsübungen eignen sich perfekt für Anfänger. Und nun gilt: Nichts wie los und ausprobieren! So findest du bestimmt eine Meditationstechnik, die zu dir passt und mit der du dich wohl fühlst.

Deine Gedanken versetzen Berge

Dieser Ausdruck ist eine Metapher, die bedeutet, dass unser Denken eine mächtige Kraft sein kann, die uns dazu befähigt, selbst die größten Hindernisse zu überwinden und unsere Ziele zu erreichen. Wenn wir an uns selbst und unsere Fähigkeiten glauben, können wir uns auf positive Weise motivieren und inspirieren, um unsere Träume zu verwirklichen.

Durch positives Denken können wir auch unsere Perspektive auf Herausforderungen verändern und uns auf die Lösung von Problemen konzentrieren, anstatt uns von ihnen entmutigen zu lassen. Unsere Gedanken beeinflussen unsere Emotionen und Handlungen, und wenn wir uns auf positive Gedanken konzentrieren, können wir eine positive Einstellung und ein erfolgreiches Ergebnis fördern.

Natürlich bedeutet dies nicht, dass unsere Gedanken buchstäblich Berge versetzen können. Es geht eher darum, dass unsere Einstellung und unser Denken eine entscheidende Rolle dabei spielen, wie wir Herausforderungen und Schwierigkeiten bewältigen und wie wir unser Leben gestalten. Wenn wir uns auf positive Gedanken und Überzeugungen konzentrieren, können wir eine größere Resilienz und Stärke entwickeln, um unsere Ziele zu erreichen und unsere Träume zu verwirklichen.

Deine Gedanken versetzen Berge

Dieser Ausdruck erinnert uns an die unglaubliche Kraft, die in unseren Gedanken liegt. Was wir denken, formt unsere Realität – die Art und Weise, wie wir die Welt sehen, wie wir uns selbst und unsere Möglichkeiten wahrnehmen, beeinflusst, was wir erreichen können.

Unsere Gedanken sind wie Samen, die wir in den Boden unserer Vorstellungskraft pflanzen. Wenn wir sie mit Glauben, Zuversicht und Ausdauer nähren, können sie zu gewaltigen, unaufhaltbaren Kräften werden. Der Glaube an uns selbst und an unsere Visionen kann uns über alle Hindernisse hinweghelfen und uns dazu befähigen, scheinbar Unmögliches zu erreichen.

Die Macht positiver Gedanken:

Visualisierung:
Wenn du dir deine Ziele und Träume klar vorstellst, gibst du deinem Unterbewusstsein eine klare Richtung. Visualisiere, wie du Berge versetzt – in deinem Leben, deiner Karriere oder in Beziehungen. Diese mentalen Bilder stärken deinen Glauben an

deine Fähigkeit, alles zu erreichen, was du dir vornimmst.

Glaube daran, dass du die Kraft hast, große Veränderungen zu bewirken. Wenn du dir selbst vertraust, wird jeder Schritt, den du machst, ein Schritt in Richtung deiner Vision. Dein Glaube an dich selbst kann Hindernisse überwinden, die andere als unüberwindbar ansehen.

Unsere Gedanken können uns entweder erheben oder uns niederdrücken. Positives Denken hilft dir nicht nur, Lösungen statt Probleme zu sehen, sondern auch, die notwendige Energie zu erzeugen, um in schwierigen Momenten weiterzumachen. Wenn du daran glaubst, dass du die Kontrolle hast und jeder Tag eine neue Chance ist, versetzt du in der Tat Berge.

Durchhaltevermögen:
Große Veränderungen erfordern Zeit und Ausdauer. Die Gedanken, die du täglich nährst, können dir die Ausdauer verleihen, auch dann weiterzumachen, wenn der Weg steinig ist. Der Glaube an deine Ziele gibt dir die Energie, immer wieder aufzustehen und voranzugehen, egal, wie oft du fällst.

Innere Stärke und positive Energie:
Deine Gedanken können dich mit positiver Energie erfüllen. Sie sind die Grundlage für deine innere

Stärke. Wenn du deine Gedanken darauf richtest, wie du etwas erreichen kannst, statt auf die Hindernisse, die vor dir liegen, wirst du mehr Kraft und Motivation finden, um die Herausforderungen zu meistern.

Wie du deine Gedanken dazu bringst, Berge zu versetzen:

Setze klare Ziele: Definiere, was du erreichen möchtest. Je klarer dein Ziel ist, desto stärker wird deine Energie und dein Fokus.

Verändere deine Perspektive: Wenn du vor einer Herausforderung stehst, frage dich: „Was kann ich lernen? Wie kann ich wachsen?" Diese Denkweise hilft dir, mit positiven Gedanken Lösungen zu finden.

Nutze Affirmationen: Wiederhole täglich positive Aussagen, die dich an deine Fähigkeiten und deine Vision erinnern. Zum Beispiel: „Ich habe die Kraft, alles zu erreichen, was ich mir vornehme."

Umgib dich mit positiven Einflüssen: Achte darauf, welche Menschen und Informationen du in deinem Leben zulässt. Umgib dich mit Menschen, die dich inspirieren und unterstützen und vermeide Negativität, die deine Gedanken und deinen Glauben an dich selbst schwächen könnte.

„Deine Gedanken versetzen Berge" bedeutet, dass du die Fähigkeit hast, alles zu erreichen, was du dir vornimmst, wenn du an dich glaubst und deinen Geist richtig ausrichtest. Deine Gedanken sind eine mächtige Kraft – mit der richtigen Ausrichtung kannst du Hindernisse überwinden und dein Leben nach deinen Wünschen gestalten. Du bist der Architekt deiner Realität!

Im Reinen sein mit dir selbst

Im Reinen sein mit sich selbst bedeutet, dass man in Einklang mit seinen Gedanken, Gefühlen und Handlungen ist. Es geht darum, ehrlich zu sich selbst zu sein und seine wahren Werte, Bedürfnisse und Wünsche zu erkennen und anzunehmen.

Dieser Zustand erfordert oft eine gewisse Reflexion und Selbstreflexion, um negative Glaubenssätze und Verhaltensmuster zu identifizieren und zu überwinden. Wenn wir uns ehrlich mit unseren inneren Gefühlen und Gedanken auseinandersetzen, können wir unsere innere Welt besser verstehen und auf eine positive Weise beeinflussen.

Wenn wir im Reinen mit uns selbst sind, können wir auch leichter Entscheidungen treffen, die unseren Werten und Zielen entsprechen. Wir handeln authentischer und selbstbestimmter, und das kann dazu beitragen, dass wir uns glücklicher, ausgeglichener und erfüllter fühlen.

Es ist wichtig, darauf hinzuweisen, dass dieser Zustand nicht dauerhaft sein muss und es normal ist, von Zeit zu Zeit aus dem Gleichgewicht zu geraten. Aber wenn wir uns bewusst auf die Arbeit an uns selbst konzentrieren und uns auf unsere wahre Natur und unser inneres Wohlbefinden konzentrieren, können wir uns näher an den Zustand bringen, im Reinen mit uns selbst zu sein.

Mit sich selbst im Reinen sein – deine Beziehung zu dir selbst

Es geht darum, unsere Beziehung zu uns selbst zu stärken.

Wir wollen den Kontakt mit uns selbst intensivieren.

Wir wollen uns selber wieder mehr spüren.

Wir wollen unseren tiefsten Bedürfnissen wieder mehr Raum gewähren.

Wir wollen unsere Wünsche wieder ernst nehmen.

Sich wirklich Zeit für sich selbst zu nehmen ist der Schlüssel, um mit sich selbst im Reinen zu sein. Wann hast du das letzte Mal wirklich Zeit mit dir selbst verbracht? Hast du schon einmal nur mit dir allein in der Stille gesessen und deinen Gedanken gelauscht? Hast du mal alleine Urlaub gemacht? Warst du mal ein Wochenende nur bei dir zu Hause und hast es dir so richtig gut gehen lassen? Wann hast du das letzte Mal etwas getan, nur um dich ganz persönlich wertzuschätzen?

Wieso der Kontakt zu uns selbst verloren geht

Heutzutage geht dieser Kontakt immer mehr verloren, denn wir sind viel zu beschäftigt damit, im Beruf voranzukommen, uns um die Familie und die Freunde zu kümmern und sind dann abends, nach einen hektischen und stressigen Tag schlicht zu kaputt, um unsere Beziehung zu uns selbst zu stärken. Anstatt uns Zeit für eine gemütliche Tasse Tee mit uns selbst zu nehmen, reicht die Energie nur noch, um sich tatenlos vor den Fernseher zu setzen und sich berieseln zu lassen.

Doch auch hier lenken wir uns wieder von uns selbst ab. Der Fernseher oder der Computer gibt uns so viele Reize auf einmal, so viele Reize im Außen, dass wir nicht in der Lage sind, uns im tiefsten Inneren zu spüren. Können wir uns nicht spüren, dann kennen wir uns nicht. Wir betäuben uns so selbst und gleichzeitig unsere Beziehung zu uns. Um mit sich selbst im Reinen sein zu können, tut jeder gut daran, diese Beziehung wieder zu stärken.

Zeit mit sich verbringen = mit sich ins Reine kommen

Lasst uns wieder Zeit für uns selbst finden. Ich weiß, dass sich das am Anfang nicht so leicht anfühlen mag. So sehr sind wir schon daran gewöhnt, den ganzen Tag minutiös für die Interessen anderer verplant zu haben. Es scheint fast so, als wenn es unmöglich wäre, Zeit für sich selbst abzuzweigen um aktiv daran zu arbeiten, mit sich selbst ins Reine kommen zu können. Viele haben auch regelrecht Angst davor, was sie dort alles entdecken und fühlen könnten. Da scheint es doch viel leichter, sich von sich selbst abzulenken und zu betäuben. Manchmal können diese Einblicke in uns selbst auch schmerzhaft sein. Verbringen wir Zeit mit uns selbst, dann werden wir uns oftmals unseren Selbstvorwürfen und dem Selbsthass bewusst, der schon jahrelang unterbewusst in uns schwelt.

Doch das ist der erste Schritt, um mit sich selbst mehr ins Reine zu gelangen.

Wenn du dir selbst auch nur ansatzweise wichtig bist, dann ist es unabdingbar, dass du dir diese Zeit wieder nimmst, Schritt für Schritt. Fange ganz einfach an und nimm dir jeden Morgen fünf Minuten nur für dich. Setze dich gemütlich in einen Sessel und spüre einmal in dich hinein. Spüre deinen Körper und richte deine Aufmerksamkeit auf deine Atmung.

Spüre ganz bewusst in deinen Körper hinein. Wie fühlt er sich heute an? Müde oder frisch und ausgeruht? Nimm dir Zeit für eine kleine Meditationsübung.

Dein Inneres Kind

Jeder von uns trägt ein „Inneres Kind" in sich – die Essenz unserer kindlichen Erfahrungen, Gefühle und Bedürfnisse, die in uns auch im Erwachsenenalter weiterleben. Dieses Innere Kind ist der Teil von uns, der Freude, Kreativität, Unbeschwertheit, Staunen und Liebe verkörpert, aber auch Verletzungen und ungelöste Wunden aus der Kindheit tragen kann. Das Pflegen deines Inneren Kindes bedeutet, diesen Teil von dir zu heilen, zu umsorgen und zu nähren, um ein erfülltes und ausgeglichenes Leben zu führen.

Das Konzept des Inneren Kindes bezieht sich auf die Idee, dass wir alle einen Teil in uns haben, der noch kindlich und verletzlich ist. Es ist die Summe unserer Erfahrungen, Erinnerungen und Emotionen aus der Kindheit, die uns auch als Erwachsene beeinflussen und prägen.

Unser Inneres Kind kann positive und negative Erfahrungen aus der Vergangenheit in sich tragen, die uns auf unterschiedliche Weise beeinflussen können. Wenn wir uns beispielsweise als Kind abgelehnt oder nicht ausreichend geliebt fühlten, können diese Gefühle unser Selbstwertgefühl und unser Vertrauen in uns selbst beeinträchtigen.

Indem wir uns bewusst mit unserem Inneren Kind auseinandersetzen, können wir lernen, diese Erfahrungen zu akzeptieren, sie loszulassen und uns von ihnen zu befreien. Es geht darum, eine liebevolle und fürsorgliche Beziehung zu unserem Inneren Kind aufzubauen und uns auf eine positive Art und Weise damit zu verbinden.

Indem wir unser Inneres Kind pflegen und ihm Aufmerksamkeit schenken, können wir auch unsere Kreativität, unsere Neugier und unsere Fähigkeit zur Freude und zum Spiel wiederentdecken. Es kann uns helfen, uns von unnötigem Stress und Belastungen zu befreien und ein erfülltes und glückliches Leben zu führen.

Dein Inneres Kind zu heilen, ist wesentlich für deine emotionale Welt und dein Selbstwertgefühl. Wenn du emotionale Wunden aus deiner Kindheit in deinem Rucksack trägst, musst du zuerst verstehen, was passiert ist, um sie heilen zu können. Du musst versuchen, Wege zu finden, um diese negativen Erlebnisse zu verarbeiten. Traurigkeit, Angst und Wut sind Emotionen, die dir helfen, zu akzeptieren und die Vergangenheit zurückzulassen, doch du musst sie überwinden und nach vorne blicken.

Übungen, die dir helfen, dein Inneres Kind zu heilen

Stell dir deine Kindheit vor. Wie warst du, als du etwa 8 Jahre alt warst? Erinnerst du dich an dein physisches Aussehen? Wenn dir das schwerfällt, kannst du dir ein Foto ansehen, um deine Erinnerung aufzufrischen und so viele Details wie möglich festzuhalten.

Visualisiere dich jetzt als Kind. Du bist allein im Zimmer. Was hast du damals gemacht, wenn du allein warst? Stell dir diese Zeit in deiner Kindheit vor, gehe zurück und erinnere dich an jedes Detail. Welche Möbel waren in deinem Zimmer, welche Farben? Was hast du gespielt? Je mehr reale Details du in deine Vorstellung einbringst, desto effektiver ist diese Übung.

Betrachte dich jetzt so, wie du jetzt bist. Stell dir vor, dass du in das Zimmer gehst, das du als Kind hattest. Du öffnest die Tür und siehst ein niedergeschlagenes, verunsichertes Kind. Dieses Kind bist du, als du klein warst. Du stehst jetzt als Erwachsener im Raum und wirst von deinem Inneren Kind begleitet.

Streichle dein Inneres Kind

Wozu ist das gut? Um dich von den Wunden der Vergangenheit zu heilen. Du kannst dich mit dem Kind, das du einst warst, unterhalten, es streicheln und dabei die Vorstellungskraft benutzen.

Geh zu dem verletzten, sensiblen, ängstlichen Kind und frage es, was los ist. Jetzt kannst du es verstehen, es umarmen, ihm Schutz, Unterstützung und Liebe geben… Tu es, behandle dich so, wie du als Kind gerne behandelt worden wärst. Schenke deinem Inneren Kind Zuneigung und Verständnis, umarme es fest und sage ihm, dass es von nun an in Sicherheit ist, dass du dich um es kümmerst und es akzeptierst.

Spiele mit ihm, amüsiere es, lass seine Spontaneität zum Vorschein kommen. Stell dir immer wieder vor, dass du dein Inneres Kind dorthin bringst, wo es sein möchte. Wo wolltest du als Kind hin? Was wolltest du haben? Welche Zuneigungen fehlten dir? Wer hat dich geliebt?

Jetzt kannst du deinem Inneren Kind geben, was es möchte. Wenn sich dein Inneres Kind motiviert und glücklich fühlt, geh zurück in den Raum. Lass es dort in Sicherheit und verabschiede dich von ihm, indem du ihm sagst, dass du wiederkommen wirst, wenn es dich braucht, dass du es verstehst und ihm Liebe schenkst.

Die Reflexion deines Inneren Kindes

Diese Übung kannst du in deine tägliche Routine aufnehmen oder durchführen, wenn du das Gefühl hast, es zu brauchen. Suche dir einen ruhigen Ort und betrachte dich in einem Spiegel. Versuche dir vorzustellen, dass du in diesem Spiegel das Bild deines Inneren Kindes siehst. Übermittle ihm freundliche Gedanken, sei stolz auf all die Dinge, die dein Inneres Kind erreicht hat. Arbeite jeden Tag daran, seine Wunden zu heilen, sag ihm, wie wichtig es für dich ist.

Diese Übung ermöglicht es dir, ein liebevolles, selbstmitfühlendes Bild aufzubauen und dein Inneres Kind zu heilen.

Das Pflegen deines Inneren Kindes ist eine kraftvolle Praxis der Selbstfürsorge, Heilung und Freude. Indem du dich um diesen zarten, verletzlichen und zugleich kraftvollen Teil in dir kümmerst, stärkst du dein emotionales Wohlbefinden, baust Selbstakzeptanz auf und öffnest dich für mehr Freude und Kreativität in deinem Leben. Dein Inneres Kind zu nähren bedeutet, deinem wahren Selbst wieder zu begegnen und eine tiefere Verbindung zu dir selbst zu schaffen.

Selbstliebe

Es ist ganz natürlich, sich manchmal zu fragen, wer einen liebt. In solchen Momenten kann es hilfreich sein, daran zu denken, dass Liebe auf viele verschiedene Arten erfahren wird und in vielen Formen existiert. Es gibt Menschen in deinem Leben, die dich schätzen und dich lieben – sei es Familie, Freunde oder Partner. Manchmal ist die Liebe auch in den kleinen, alltäglichen Gesten zu finden, in der Unterstützung, die du von anderen erhältst, oder in der Zuneigung, die du von Menschen um dich herum spürst.

Ein wichtiger Aspekt von Liebe ist jedoch auch, dass sie bei dir selbst beginnt. Selbstliebe ist der erste Schritt, um wahre, tiefgehende Liebe von anderen zu empfangen. Wenn du dich selbst schätzt, respektierst und liebst, ziehst du Menschen an, die dich ebenfalls in diesem Licht sehen. Du bist es wert, geliebt zu werden – von dir selbst und von denen, die dich in deinem Leben begleiten.

Die Liebe, die du empfängst, ist oft ein Spiegelbild dessen, wie du dich selbst behandelst und wie offen du für positive Beziehungen bist. Es lohnt sich also, sich selbst mit der gleichen Liebe und Wertschätzung zu begegnen, die du von anderen erwartest.

Selbstliebe ist die bedingungslose Akzeptanz und Wertschätzung seiner selbst. Es geht darum, sich selbst zu lieben, sich selbst anzunehmen und für sich selbst zu sorgen. Selbstliebe ist ein wichtiger Bestandteil des persönlichen Wohlbefindens und der psychischen Gesundheit. Hier sind einige Möglichkeiten, wie du Selbstliebe kultivieren kannst:

Selbstakzeptanz: Akzeptiere dich selbst so, wie du bist, mit all deinen Stärken und Schwächen. Erlaube dir, fehlbar zu sein und gestehe dir selbst Fehler zu.

Selbstfürsorge: Nimm dir Zeit für dich selbst und sorge gut für dich. Kümmere dich um deine körperliche, emotionale und geistige Gesundheit. Priorisiere Erholung, Entspannung und Tätigkeiten, die dir Freude bereiten.

Grenzen setzen: Lerne, klare Grenzen zu setzen und dich selbst zu schützen. Sag "Nein", wenn du etwas nicht möchtest oder überfordert bist und setze deine eigenen Bedürfnisse an erste Stelle.

Selbstmitgefühl: Sei freundlich zu dir selbst und behandle dich selbst mit Mitgefühl. Sprich liebevoll mit dir selbst, wie du es mit einem guten Freund tun würdest, und erlaube dir, Fehler zu machen, ohne dich selbst zu verurteilen.

Selbstentwicklung: Strebe danach, dein volles Potenzial zu entfalten und persönlich zu wachsen. Setze dir Ziele, die dich inspirieren, und ermutige dich selbst, neue Dinge auszuprobieren und dich weiterzuentwickeln.

Positive Selbstgespräche: Achte auf deine innere Stimme und achte darauf, dass du dir positive und aufbauende Dinge sagst. Ersetze negative Selbstgespräche durch positive Affirmationen und Überzeugungen.

Umgebung: Umgib dich mit Menschen, die dich unterstützen und wertschätzen. Vermeide toxische Beziehungen oder Situationen, die dein Selbstwertgefühl beeinträchtigen könnten.

Selbstliebe ist ein kontinuierlicher Prozess, der Zeit und Übung erfordert. Sei geduldig mit dir selbst und erlaube dir, dich zu entwickeln und zu wachsen. Indem du dich selbst liebst, kannst du ein gesundes Selbstwertgefühl aufbauen und ein erfülltes und glückliches Leben führen.

Selbstliebe-Übung 1: Herz-Meditation

Übung Nummer eins für mehr Selbstliebe ist die Herz-Meditation. Dein Herz weiß die Antworte auf alles. Und wenn du einfach mal deine Augen schließt und dich auf dein Herz fokussierst und die Energie in deinem Herzen spürst, wirst du merken, dass du automatisch mehr Liebe fühlst.

Du kannst dir vorstellen, wie du die Energie, die in deinem Herzen ist, in deinen ganzen Körper schickst, das heißt, in deine Arme, ganz hinunter bis in deine Füße, bis in dein Gesicht, sodass du wirklich erfüllt bist von dieser inneren Liebe.

Selbstliebe-Übung 2: Arbeit mit negativen Gefühlen

Viele Menschen unterdrücken ihre negativen Gefühle, zum Beispiel durch Essen, zum Beispiel durch Ablenkung. Du kannst direkt mehr Selbstliebe entwickeln, indem du deine Augen schließt und, wann immer ein negatives Gefühl auftaucht, anfängst, mit diesem negativen Gefühl zu kommunizieren und es dadurch zu befriedigen.

Das heißt, du kannst dir vorstellen, dass dort, wo das negative Gefühl ist, ein Teil von dir sitzt und du mit diesem Teil kommunizierst und fragst: "Was brauchst du gerade?"

Dann gibst du diesen Anteil von dir auf energetischer Ebene genau das, was er gerade braucht. Zum Beispiel, wenn du Einsamkeit spürst, stellst du dir vor, wie du diesem Teil Liebe aus deinem Herzen schickst; dadurch wirst du nach und nach diese inneren Anteile integrieren und innere Blockaden auflösen, sodass du automatisch mehr im Zustand von Liebe bist.

Selbstliebe-Übung 3: Das Innere Kind

Übung Nummer drei ist die Innere Kind-Übung. Das heißt, lerne kennen, welche Dinge dich in deiner Kindheit geprägt haben. Finde heraus, welche Muster du verankert hast, die vielleicht schädlich für dich sind und löse diese nach und nach auf.

Das wird an dieser Stelle jetzt zu weit führen, aber ich kann dir jetzt schon sagen, es lohnt sich, dich mit deinem Inneren Kind zu beschäftigen. Eine kleine Übung, die du direkt machen kannst, ist, dass du, wann immer es dir schlecht geht, deine Augen schließt und dir vorstellst, dass in dir dein Inneres Kind sitzt und du es einfach fragst: "Hey, was brauchst du gerade von mir?" Und dann gibst du deinem Inneren Kind ganz genau das. Du kannst auch versuchen, in deinem Alltag mehr Raum für dein Inneres Kind zu schaffen.

Das heißt mehr Raum für Freude, für Spielen, für Leichtigkeit. Und dadurch wirst du merken, dass dein Leben eine ganz neue Qualität gewinnt.

Selbstliebe-Übung 4: Dankbarkeits-Übung

Versuche, dich ganz bewusst auf Dinge zu fokussieren, für die du dankbar bist.

Du kannst auch ein kleines Tagebuch anlegen, das jeden Abend neben deinem Schreibtisch oder neben deinem Bett auf dem Nachttisch liegt. Und jeden Abend kannst du fünf Dinge eintragen, für die du gerade dankbar bist.

Du kannst auch jeden Morgen an drei Dinge denken, für die dankbar bist; wenn du dich auf Dankbarkeit fokussierst, dann werden die Dinge, für die du dankbar bist, erstens mehr wertgeschätzt und du wirst glücklicher und zufriedener.

Und zweitens siehst du mehr davon in deinem Leben. Du bist automatisch erfüllter.

Selbstliebe-Übung 5: Spiegelübung

Und zu guter Letzt Übung Nummer fünf: Die Spiegel-Übung.

Versuche ganz bewusst, Übungen mit deinem Spiegelbild zu machen. Stell dich vor den Spiegel und nimm erstmal alle Gefühle an, die hochkommen; auch negative, auf die ich am Ende des Kapitels zur Selbstliebe näher eingehe.

Dann schicke deinem Spiegelbild ganz viel Liebe. Du darfst auch Dankbarkeit für deinen Körper entwickeln. Wenn du zum Beispiel in der Vergangenheit deine Beine verurteilt hast, weil du sie zu dick findest, dann kannst du einfach deinen Beinen einmal danken und Dankbarkeit dafür empfinden, dass sie dich durch dein Leben tragen.

Denn dafür sind sie da und sie sind nicht dafür da, um irgendwie besonders auszusehen.

Selbstliebe ist eine lebenslange Praxis, die tief in uns verwurzelt ist und unser tägliches Leben positiv beeinflusst. Sie ist der Grundstein für emotionales Wohlbefinden, gesunde Beziehungen und ein erfülltes Leben. Indem du dich selbst liebst, schaffst du die Voraussetzung dafür, in deinem Leben Frieden, Freude und Harmonie zu erfahren. Selbstliebe bedeutet nicht, sich selbst zu überhöhen, sondern sich selbst zu akzeptieren und zu respektieren – mit all seinen Facetten. Du bist es wert, geliebt und geschätzt zu werden – vor allem von dir selbst.

Das ist vielleicht die wichtigste Liebe, die du dir schenken kannst. Selbstliebe ist ein kontinuierlicher Prozess, der Geduld und Übung erfordert, aber jeder kleine Schritt in diese Richtung ist ein großer Schritt zu einem glücklicheren, gesünderen und erfüllteren Leben. Du bist es wert, geliebt zu werden, und das beginnt mit dir selbst.

Selbstheilung

Selbstheilung bezieht sich auf die Fähigkeit des Körpers und des Geistes, sich selbst zu heilen und zu regenerieren. Es gibt viele Faktoren, die die Selbstheilung beeinflussen können, einschließlich Ernährung, Bewegung, Schlaf, Stressmanagement und die geistige Einstellung. Hier sind einige Schritte, die du unternehmen kannst, um deine Selbstheilungskräfte zu fördern:

Gesunde Ernährung: Eine ausgewogene und nährstoffreiche Ernährung kann deinem Körper helfen, sich zu regenerieren und zu heilen. Stelle sicher, dass du genug Vitamine, Mineralstoffe und Antioxidantien zu dir nimmst, die helfen, Entzündungen zu reduzieren und das Immunsystem zu stärken.

Regelmäßige Bewegung: Körperliche Aktivität fördert die Durchblutung und hilft, die Freisetzung von Endorphinen zu erhöhen, die Schmerzen lindern und das Wohlbefinden steigern können. Es ist wichtig, regelmäßig zu trainieren, aber übertreibe es nicht und höre auf deinen Körper, um Überbelastungen und Verletzungen zu vermeiden.

Stressmanagement: Chronischer Stress kann das Immunsystem beeinträchtigen und Entzündungen im Körper verursachen. Finde Wege, um deinen Stress zu reduzieren, z.B. durch Meditation, Yoga, Atemübungen oder eine regelmäßige Entspannungspraxis.

Gute Schlafgewohnheiten: Ausreichender und qualitativ hochwertiger Schlaf ist entscheidend für die Regeneration und Heilung des Körpers. Versuche, jede Nacht genug Schlaf zu bekommen und schaffe eine entspannte Schlafumgebung.

Positive Gedanken: Eine positive Einstellung und positive Gedanken können dein körperliches und geistiges Wohlbefinden verbessern. Versuche, negative Gedanken und Selbstgespräche zu vermeiden und konzentriere dich auf positive Affirmationen und Gedanken.

Es ist wichtig, zu betonen, dass die Selbstheilungskräfte des Körpers begrenzt sind und es in einigen Fällen notwendig sein kann, medizinische Behandlungen oder Eingriffe zu vorzunehmen.

Selbstreflektion

Selbstreflektion ist ein Prozess, bei dem wir unser eigenes Denken, Handeln und Fühlen betrachten und bewerten. Es ist ein wichtiger Schritt, um uns selbst besser kennenzulernen und unser Verhalten und unsere Entscheidungen zu verstehen.

Sie erfordert Ehrlichkeit und Offenheit gegenüber uns selbst. Es erfordert auch Mut, um unsere Schwächen und Fehler anzuerkennen, anstatt sie zu leugnen oder zu vertuschen.

Die Selbstreflektion kann durch verschiedene Methoden erfolgen, wie zum Beispiel das Führen eines Tagebuchs, das Meditieren, das Gespräch mit einem vertrauten Freund oder Berater oder das Erfragen von Feedback durch andere.

Durch die Selbstreflektion können wir unser Verhalten und unsere Entscheidungen besser verstehen und unsere Handlungen anpassen, um uns in die gewünschte Richtung zu bewegen. Sie hilft uns auch, unsere Stärken und Talente zu identifizieren und sie in unserem Leben zu nutzen.

Es ist ein kontinuierlicher Prozess, der uns hilft, uns selbst besser kennenzulernen und uns weiterzuentwickeln. Es ist wichtig, sich regelmäßig Zeit für die Selbstreflektion zu nehmen und offen für Veränderungen zu sein, um ein erfüllteres und glücklicheres Leben zu führen.

Selbstreflexion ist ein aktiver Prozess, der bewusst und regelmäßig praktiziert werden sollte. Es gibt verschiedene Methoden, die dir helfen können, dich selbst zu reflektieren:

1. Tagebuch führen

Das Schreiben eines Tagebuchs ist eine der einfachsten und effektivsten Methoden der Selbstreflexion. Du kannst deine Gedanken, Gefühle und Erfahrungen niederschreiben, um sie besser zu verstehen. Indem du regelmäßig darüber nachdenkst, was in deinem Leben passiert, kannst du Muster und Themen erkennen.

Fragen, die du dir stellen kannst:

Was habe ich heute erlebt?
Wie habe ich auf diese Situation reagiert?
Was habe ich dabei über mich selbst gelernt?
Was möchte ich beim nächsten Mal anders machen?

2. Meditation und Achtsamkeit

Meditation und Achtsamkeit sind wunderbare Werkzeuge, um in einen Zustand der inneren Ruhe zu kommen und tiefere Einsichten in dein eigenes Denken und Fühlen zu gewinnen. Durch regelmäßige Meditation kannst du lernen, deine Gedanken zu beobachten, ohne dich mit ihnen zu identifizieren, was dir hilft, unbewusste Muster zu erkennen.

Achtsamkeitsübungen:

Nimm dir täglich 5-10 Minuten, um in Stille zu sitzen und deinen Atem zu beobachten.

Achte auf deine Gedanken und Gefühle, ohne sie zu bewerten, sondern nur wahrzunehmen.

Erlaube dir, deine Gedanken und Emotionen zu akzeptieren, ohne sie zu verändern.

3. Feedback von anderen einholen

Manchmal kann es hilfreich sein, von anderen Menschen eine Außenperspektive zu erhalten. Du kannst Freunde, Familie oder Kollegen um konstruktives Feedback bitten, um mehr über deine Stärken und Verbesserungspotenziale zu erfahren. Achte darauf, dass das Feedback ehrlich und respektvoll ist.

Fragen an andere:

Was schätzt du an mir?

Wo siehst du Verbesserungspotenzial in meinem Verhalten oder meiner Kommunikation?

Wie könnte ich in meiner persönlichen Entwicklung weiter wachsen?

4. Reflexive Fragen stellen

Um deine Gedanken und Gefühle besser zu verstehen, kannst du dir gezielte Fragen stellen. Diese Fragen helfen dir, tiefer in deine eigenen Beweggründe und Verhaltensmuster einzutauchen.

Beispiele für reflektierende Fragen:

Was war die größte Herausforderung in meinem Leben und was habe ich daraus gelernt?

Wann fühle ich mich am meisten mit mir selbst im Einklang?

Welche Werte sind mir am wichtigsten und lebe ich sie in meinem Alltag?

Welche Entscheidungen in der letzten Zeit haben mir Freude bereitet und welche nicht?

5. Ziele setzen und bewerten

Selbstreflexion hilft dir, Klarheit über deine Ziele zu gewinnen und deinen Fortschritt zu bewerten. Indem du regelmäßig überprüfst, ob du auf dem richtigen

Weg bist, kannst du Anpassungen vornehmen und deine Ziele gezielt verfolgen.

Reflexionsfragen zu Zielen:

Was habe ich in den letzten Monaten erreicht?

Sind meine aktuellen Ziele immer noch die, die ich wirklich verfolgen möchte?

Was muss ich tun, um meine Ziele weiter zu erreichen?

Was hindert mich daran, meine Ziele zu erreichen, und wie kann ich diese Hindernisse überwinden?

6. Mentale Übungen und Visualisierung

Visualisiere regelmäßig, wie du dein bestes Selbst werden kannst. Stell dir vor, wie du auf deine Ziele hinarbeitest und mit Herausforderungen umgehst. Diese Übung kann dir nicht nur Klarheit bringen, sondern auch dabei helfen, deine eigenen Werte und Prioritäten zu erkennen.

Wie kann Selbstreflexion im Alltag integriert werden?

Selbstreflexion muss nicht immer eine lange Sitzung sein – du kannst kleine Momente der Reflexion in deinen Alltag einbauen:

Am Ende des Tages: Nimm dir einige Minuten, um den Tag in Gedanken zu reflektieren. Was war gut? Was hätte besser laufen können?

Während des Spaziergangs: Geh in der Natur spazieren und lasse deinen Gedanken freien Lauf. Achte darauf, was dir durch den Kopf geht und reflektiere darüber.

Woche für Woche: Nimm dir einmal pro Woche Zeit, um deine Fortschritte zu überprüfen und zu überlegen, was du in der kommenden Woche anders machen möchtest.

Selbstreflexion ist ein kraftvolles Werkzeug für persönliches Wachstum. Sie hilft dir, deine Gedanken, Emotionen und Handlungen besser zu verstehen, alte Muster zu durchbrechen und dich selbst zu verbessern. Regelmäßige Reflexion kann dir nicht nur dabei helfen, dich als Person weiterzuentwickeln, sondern auch dabei, ein bewussteres, erfüllteres Leben zu führen. Sie ist der Schlüssel, um aus deinen Erfahrungen zu lernen, dein Leben aktiv zu gestalten und in Einklang mit deinen Werten und Zielen zu leben.

Wünsche werden wahr

Die Erfüllung von Wünschen ist ein wichtiges Thema in vielen spirituellen und esoterischen Lehren. Die Idee dahinter ist, dass wir durch unsere Gedanken und Emotionen bestimmte Ereignisse und Situationen in unser Leben ziehen können. Wenn wir uns auf positive Dinge konzentrieren und unsere Gedanken auf das Gute richten, können wir positive Ereignisse und Situationen in unser Leben ziehen.

Das klingt nach einem inspirierenden Motto und einem faszinierenden Konzept, das viele Menschen dazu anregt, an die Macht des eigenen Verlangens und an die Kraft des Universums zu glauben. Es gibt unzählige Geschichten und Lehren, die uns versichern, dass das, was wir uns wirklich wünschen, tatsächlich in unserem Leben Gestalt annehmen kann.

Es ist jedoch wichtig zu beachten, dass es nicht ausreicht, einfach nur positive Gedanken zu haben und sich auf unsere Wünsche zu konzentrieren. Wir müssen auch konkrete Handlungen unternehmen, um unsere Ziele zu erreichen und unsere Wünsche zu verwirklichen.

Um unsere Wünsche wahr werden zu lassen, müssen wir zunächst genau wissen, was wir wollen und warum wir es wollen. Dann müssen wir einen Plan entwickeln und konkrete Schritte unternehmen, um unser Ziel zu erreichen. Wir müssen bereit sein, Hindernisse zu überwinden und uns von Rückschlägen nicht entmutigen zu lassen.

Es ist auch wichtig zu betonen, dass das Universum uns nicht einfach alles gibt, was wir uns wünschen. Manchmal erhalten wir nicht das, was wir wollen, weil es uns nicht guttut oder weil es nicht das Beste für uns ist. Wir sollten also bereit sein, unsere Wünsche anzupassen und uns auf das zu konzentrieren, was wirklich wichtig ist und uns glücklich macht.

Letztendlich hängt die Erfüllung von Wünschen von verschiedenen Faktoren ab, wie zum Beispiel unseren Einstellungen, unseren Gedanken, unseren Handlungen und äußeren Umständen. Es gibt keine Garantie, dass jeder Wunsch wahr wird, aber durch positive Gedanken, klare Absichten und konkrete Handlungen können wir unsere Chancen erhöhen, unsere Wünsche zu verwirklichen.

Um einen Wunsch wahr werden zu lassen, ist es wichtig, klar zu wissen, was du wirklich willst. Oft wissen wir nicht genau, was wir wollen, oder wir sind uns unsicher, was uns wirklich erfüllt. Der erste Schritt, um einen Wunsch zu verwirklichen, ist daher, dir genau zu überlegen, was du wirklich begehrst.

Wünsche werden oft dann wahr, wenn du fest daran glaubst, dass sie möglich sind. Selbstzweifel und negative Glaubenssätze können dich blockieren. Du musst daran glauben, dass du verdienst, was du dir wünschst und dass es erreichbar ist. Ein positiver Glaube an dich selbst und das Universum öffnet Türen und hilft dir, dein Ziel zu erreichen.

Visualisierung ist eine kraftvolle Technik, um Wünsche wahr werden zu lassen. Wenn du dir regelmäßig vorstellst, wie es sich anfühlt, deinen Wunsch bereits erreicht zu haben, stärkst du das Gefühl der Erfüllung und ziehst diese Realität immer näher zu dir.

Wünsche können wahr werden, wenn du die richtige Haltung einnimmst, aktiv an deinem Ziel arbeitest und offen für das Leben und seine Möglichkeiten bist. Sie erfordern Klarheit, Glauben, positive Gedanken und Taten. Durch Visualisierung, Vertrauen und Dankbarkeit kannst du die Energie aufbauen, die notwendig ist, um das zu manifestieren, was du dir wünschst. Denke daran, dass der Weg zum Wunsch genauso wichtig ist wie die Erfüllung des Wunsches selbst. Vertraue darauf, dass alles zur richtigen Zeit an seinen Platz kommt – und deine Wünsche sich auf wunderbare Weise erfüllen können.

Visualisiere

Visualisierung ist eine kraftvolle Technik, die dir hilft, deine Wünsche und Ziele in die Realität umzusetzen. Es geht darum, sich die gewünschte Zukunft so lebendig und detailliert wie möglich vorzustellen, um diese Vision in deinem Unterbewusstsein zu verankern. Indem du deine Wünsche visualisierst, aktivierst du positive Energie, die dich deinem Ziel näherbringt.

Hier sind einige Schritte, um mit der Visualisierung zu beginnen:

Definiere deine Ziele: Bevor du mit der Visualisierung beginnst, ist es wichtig, deine Ziele klar zu definieren. Was möchtest du in deinem Leben erreichen?

Stelle dir das Ergebnis vor:
Visualisiere das Ergebnis, das du erreichen möchtest, in deinem Geist. Stelle es dir so lebendig und detailliert wie möglich vor. Was siehst du? Was hörst du? Wie fühlst du dich?

Verbinde dich mit deinen Emotionen: Während du visualisierst, versuche, dich mit den Emotionen zu verbinden, die mit deinem Ziel verbunden sind.

Fühle dich dankbar, aufgeregt oder glücklich über das, was du erreicht hast.

Wiederhole deine Visualisierung regelmäßig: Wiederhole deine Visualisierung regelmäßig, um das gewünschte Ergebnis zu festigen. Tägliche Wiederholungen können besonders wirksam sein.

Es ist wichtig zu beachten, dass Visualisierung allein nicht ausreicht, um deine Ziele zu erreichen. Es ist auch wichtig, Maßnahmen zu ergreifen, um deine Ziele zu verwirklichen.

Durch regelmäßige Visualisierung kannst du deinem Unterbewusstsein klare Botschaften übermitteln und deine Gedanken auf positive Ergebnisse ausrichten. Dies kann dazu beitragen, dass du dich motiviert und fokussiert fühlst, um deine Ziele zu erreichen.

Hier einige einfache Visualisierungsübungen:

Visualisierungsübung:

Mein Wohlfühlort

Diese Visualisierungstechnik bringt dich an deinen persönlichen Ort des Friedens und der Entspannung. Sie unterstützt dich dabei, dir positive Bilder und Szenen möglichst lebendig und mit allen Sinnen vorzustellen. Sie eignet sich wunderbar zur Entspannung zwischendurch oder vor dem Einschlafen.

Mach es dir bequem. Atme ruhig und gleichmäßig tief ein und aus.

Stell dir nun einen Ort vor, an dem du Dich besonders wohl fühlst und dich gut entspannen kannst. Das kann ein Ort sein, den du schon kennst oder ein Ort, den du noch kennenlernen möchtest.

Füge nun so viele Details wie möglich hinzu. Wie fühlt es sich an? Was hörst du? Riechst du? Siehst du? Fühlst du? Schmeckst du?

Steige noch ein wenig tiefer in Deine Bilderwelt ein. Spüre und genieße die Sinneseindrücke. Lass dir genug Zeit, diese ausgiebig zu empfinden und zu erleben. Sammle die guten Gefühle in deiner Körpermitte (Solarplexus)

Wenn du bereit bist, dann lass die Bilder verblassen und komm wieder zurück ins Hier und Jetzt bring die guten Gefühle mit in deine Gegenwart.

Bleib geduldig mit dir – es dauert eine gewisse Zeit, bis du die richtigen Bilder und Sinneswahrnehmungen für dich findest und diese Dir auch als real erscheinen. Such gezielt nach den Dingen, die dich innerlich bewegen und wo Bilder leicht und mühelos erscheinen.

Visualisierungsübung:
Die Kerze

Mach es dir bequem.

Atme ruhig und gleichmäßig tief ein und aus.

Schließe nun deine Augen.

Stelle dir nun bildlich eine Kerze vor.

Wie sieht die Kerze aus? Wie groß, klein, dick, dünn ist sie?

Was für eine Kerze ist es – ein Teelicht, eine Wachskerze?

Ist die Kerze neu oder schon heruntergebrannt?

Wo steht die Kerze? Ist sie weiter weg oder in der Nähe?

Visualisierungsübung:
Innere Reinigung mit Farben

Diese Übung kannst du mal kurz zwischendurch machen oder über einen längeren Zeitraum hinweg.

Mach es dir bequem.

Atme ruhig und gleichmäßig tief ein und aus.

Schließe nun deine Augen.

Stell dir nun bildlich eine bestimmte Farbe vor.

Ziehe nun mit jeder Einatmung die Farbe deiner Wahl vom Kopf bis zu den Füßen durch deinen gesamten Körper hindurch bis in jeden kleinsten Winkel hinein.

Stell Dir vor, wie die Farbe unerwünschte Gefühle und Emotionen freispült und diese bei der Ausatmung mühelos und leicht aus deinem Körper herausspült.

Visualisierungsübung:
Die Mitgefühl-Übung

Mach es Dir bequem.

Atme ruhig und gleichmäßig tief ein und aus.

Schließe nun deine Augen.

Stell Dir nun bildlich einen nahestehenden Menschen vor, den du sehr gerne hast oder liebst.

Während du dir diese Person vorstellst, sagt du dir selbst in Gedanken: "Ich wünsche dir Glück, Gesundheit und nur das Beste im Leben."

Stell dir nun einen warmen blauen Strahl vor, den du diesem wundervollen Menschen schickst. Der blaue Strahl überbringt deinen Segenswunsch – aus deinem Körper zum Körper des anderen Menschen.

Spüre in dir Wertschätzung, Mitgefühl und Dankbarkeit für diese besondere Person.

Du kannst diese Übung auch dazu nutzen, um dir selbst Gutes zu wünschen oder dir mehr Mitgefühl, Anerkennung und Verständnis zu schenken.

Anstatt das Licht an andere zu schicken, hüllst du dich selbst in Mitgefühl, Anerkennung und Wertschätzung ein.

Du kannst die Übung auch noch etwas ausweiten und stellst dir vor, dass das Licht dich, dann deine ganze Familie, dann deine ganze Stadt, dein Land, deinen Kontinent und schließlich die ganze Welt umhüllt.

Visualisierung ist eine äußerst effektive Methode, um Wünsche und Ziele zu manifestieren. Indem du dir dein Ziel in allen Details vorstellst und die damit verbundenen positiven Emotionen spürst, aktivierst du eine Energie, die dein Unterbewusstsein dazu bringt, dir bei der Erreichung deines Wunsches zu helfen. Die regelmäßige Praxis der Visualisierung kann dein Leben auf wundersame Weise verändern und dir helfen, das zu erschaffen, was du dir wirklich wünschst.

Ich manifestiere nur Gutes

Das Manifestieren von Gutem ist eine positive und kraftvolle Praxis, bei der du deine Absichten und Wünsche auf das Erschaffen von positiven Erfahrungen und Ergebnissen lenkst.

Manifestieren ist der Prozess, bei dem du bewusst und absichtlich deine Wünsche, Ziele und Träume in die Realität umsetzt, indem du deine Gedanken, Gefühle und Handlungen auf das fokussierst, was du erreichen möchtest. Der Glaube hinter dem Manifestieren basiert auf der Idee, dass du durch deine Gedanken und Energie die Realität um dich herum beeinflussen kannst – eine Vorstellung, die häufig mit dem Gesetz der Anziehung in Verbindung gebracht wird.

Hier sind einige Schritte, die dir helfen können, gutes in deinem Leben zu manifestieren:

Klare Absichten setzen:
Definiere genau, was du manifestieren möchtest. Formuliere deine Absichten positiv, klar und präzise. Stell sicher, dass deine Ziele realistisch und erreichbar sind.

Visualisierung: Stell dir lebhaft vor, wie es aussieht, wenn dein gewünschtes Ergebnis bereits Realität geworden ist. Nutze alle Sinne, um ein intensives Bild der Erfahrung zu schaffen. Fühle die Freude, Dankbarkeit und das Glück, die mit der Manifestation einhergehen.

Positive Affirmationen: Verwende positive Aussagen und Affirmationen, um dein Unterbewusstsein auf die gewünschte Manifestation auszurichten. Wiederhole diese Affirmationen regelmäßig und glaube fest daran, dass das Gute in dein Leben kommt.

Dankbarkeit: Sei dankbar für das, was du bereits hast, und sei dankbar im Voraus für das, was du manifestieren möchtest. Die Dankbarkeit verstärkt positive Energien und öffnet die Tür für weitere Fülle und Segnungen in deinem Leben.

Handeln: Setze konkrete Schritte, um deine Absichten in die Realität umzusetzen. Das Universum unterstützt dich, aber du musst auch aktiv werden und die erforderlichen Maßnahmen ergreifen, um deine Ziele zu erreichen.

Vertrauen: Vertraue darauf, dass das Universum für dich arbeitet und dass das Gute zu dir kommt. Lasse los, zweifle nicht und vertraue darauf, dass sich die Dinge zu deinem höchsten Wohl entfalten werden.

Es ist wichtig, zu beachten, dass das Manifestieren von Gutem nicht bedeutet, dass es keine Herausforderungen oder Hindernisse auf deinem Weg geben wird. Manchmal können sich die Dinge auf unerwartete Weise entwickeln, aber bleibe offen für neue Möglichkeiten und vertraue darauf, dass das Universum das Beste für dich bereithält.

Es ist auch wichtig, anzumerken, dass das Manifestieren von Gutem nicht als Ersatz für harte Arbeit, Planung und Selbstdisziplin betrachtet werden sollte. Es ist eine unterstützende Praxis, die deine Bemühungen ergänzt und dich auf dem Weg zu deinen Zielen inspiriert.

Halte eine positive Einstellung aufrecht, bleib geduldig und behalte ein offenes Herz und einen offenen Geist. Wenn du an das Gute glaubst und deine Absichten darauf ausrichtest, kannst du positive Veränderungen in deinem Leben manifestieren.

Manifestieren ist der Prozess, bei dem du bewusst die Energie ausstrahlst, die nötig ist, um das zu erhalten, was du dir im Leben wünschst. Es erfordert Klarheit, Fokus, Glauben, positive Emotionen, Handeln und Vertrauen. Je mehr du dich auf das konzentrierst, was du wirklich willst, desto stärker wird deine Ausstrahlung und desto mehr wird das Universum auf deine Wünsche reagieren. Durch tägliche

Übungen wie Visualisierung, Affirmationen und Dankbarkeit kannst du deine Manifestationskraft verstärken und deine Träume in die Realität umsetzen.

„Nur Gutes kommt zu mir" ist eine kraftvolle Affirmation, die dir hilft, eine positive Einstellung zu kultivieren und deine Energie auf das Gute und Positive in deinem Leben zu richten. Wenn du diese Affirmation regelmäßig wiederholst, stärkst du deinen Glauben daran, dass du das Beste im Leben verdienst und dass sich positive Dinge in deinem Leben manifestieren.

„Ich ziehe nur Positives in mein Leben."

„Alles, was mir begegnet, ist für mein Wohl und Glück."

„Ich bin offen für alle guten Dinge, die das Universum für mich bereithält."

„Ich empfange mit Freude und Dankbarkeit das Gute, das zu mir kommt."

Indem du „Nur Gutes kommt zu mir" als täglichen Leitsatz verwendest, stärkst du dein Vertrauen in das Leben und ziehst mehr Fülle, Freude und Positivität an.

Vision Board

Eine sehr wirkungsvolle Methode, seine Wünsche ins Leben zu rufen, ist ein Vision Board.

So viele Menschen leben Tag für Tag ihre festgefahrene Routine und denken gar nicht darüber nach, was sie sich vom Leben wünschen. Ein Vision Board zwingt uns dazu, uns ausführlich mit unseren Träumen und Zielen zu beschäftigen und zeigt uns, ob wir wirklich das Leben leben, das wir leben möchten oder ob wir etwas ändern sollten.

Ein Bild sagt mehr als tausend Worte. So weit, so bekannt. Doch tatsächlich wird ein Bild vom menschlichen Gehirn auch 60.000 Mal schneller wahrgenommen als Texte. An Bilder können wir uns zudem besser und intensiver erinnern. Deshalb sind visuelle Darstellungen unserer Herzenswünsche so gut dafür geeignet, uns täglich auf Kurs zu bringen.

Durch Bilder setzen sich unsere Träume und Ziele auch einfacher in unserem Unterbewusstsein fest. Erst recht, wenn wir uns diese Bilder jeden Tag ansehen und regelmäßig mit unseren Wünschen konfrontiert werden. Einmal verankert im Unterbewusstsein, lenkt es uns Tag für Tag in die richtige Richtung. Deshalb ist ein Vision Board so mächtig!

Durch ein Vision Board wissen wir oft ganz automatisch, was zu tun ist, um unsere Visionen zu erreichen. Wir spüren, dass wir es selbst in der Hand haben, ins Handeln zu kommen und das zu tun, was nötig ist. Und tun es dann auch wirklich – selbst, wenn es vielleicht nur ganz kleine Schritte sind.

Egal, wie klein die Schritte auch sein mögen –wer stetig auf seine Ziele zugeht, wird bald merken, dass sich wie aus Zauberhand Möglichkeiten und Chancen aufzeigen. Man trifft z.B. unerwartet eine Person, die einem weiterhilft und woanders bekommt man zufällig ein Angebot, das einen näher an sein Ziel bringt. Ein Vision Board kann eine magische Reise zu deinem Traumleben eröffnen – trau dich, sie zu bestreiten!

Schritte zur Erstellung eines Vision Boards:

Ziele und Visionen klären:

Überlege dir, welche Ziele und Visionen du für verschiedene Lebensbereiche hast, wie Karriere, Gesundheit, Beziehungen und persönliche Entwicklung.

Materialien sammeln:

Sammle Materialien wie Zeitschriften, Zeitungen, Fotos, Zitate, Stifte, Scheren, Klebstoff und eine große Tafel oder ein Poster.

Visualisierung:

Überlege dir, wie deine Ziele aussehen könnten. Finde Bilder und Wörter, die diese Vorstellungen repräsentieren.

Suche nach Bildern und Wörtern:

Blättere durch Zeitschriften und Zeitungen, um Bilder und Wörter zu finden, die mit deinen Zielen in Verbindung stehen. Dies können konkrete Bilder oder metaphorische Darstellungen sein.

Kreatives Arrangement:

Ordne die Bilder und Wörter auf dem Board in einer kreativen Weise an. Du kannst sie gruppiert oder organisch verteilt platzieren.

Hinzufügen von persönlichen Elementen:

Füge persönliche Fotos hinzu, die für dich eine besondere Bedeutung haben. Dies können Bilder von Freunden, Familie oder Orten sein, die dich inspirieren.

Zusätzliche Elemente:

Du kannst auch zusätzliche Elemente hinzufügen, wie Farben, Glitzer, Zeichnungen oder alles, was deine Visionen weiter verstärkt.

Affirmationen:

Integriere positive Affirmationen, die mit deinen Zielen in Verbindung stehen. Schreibe sie auf oder füge sie als Textelemente hinzu.

Platzierung an einem sichtbaren Ort:

Platziere dein Vision Board an einem Ort, an dem du es regelmäßig sehen kannst, z. B. an der Wand in deinem Schlafzimmer oder an deinem Schreibtisch.

Regelmäßige Betrachtung:

Nimm dir Zeit, dein Vision Board regelmäßig zu betrachten. Visualisiere deine Ziele, fühle die Emotionen und den Erfolg, den du erreichen möchtest.

Aktualisierung bei Bedarf:

Wenn sich deine Ziele ändern oder du neue Ziele hinzufügen möchtest, aktualisiere dein Vision Board entsprechend.

Ein Vision Board ist persönlich und individuell. Es ist ein kreatives Werkzeug, das dir helfen kann, fokussiert zu bleiben und deine Ziele klar vor Augen zu haben. Es ist wichtig, dass es für dich sinnvoll und inspirierend ist.

Ich hatte mein erstes Vision Board mit 19 Jahren angefertigt und wusste genau, was es enthalten muss, um meine Wünsche und Ziele erreichen zu können. Ich hatte eine genaue Vorstellung, was ich mir wünschte und somit manifestieren wollte.

Einer meiner Wünsche war es zum Beispiel, mein erstes Haus mit 20 Jahren zu besitzen, meinen Seelenpartner zu finden, mit ihm eine Familie zu gründen und glücklich und zufrieden in unserem

Haus zu leben. Ebenso wünschte ich mir erfolgreich im Beruf zu sein und viele schöne Reisen zu unternehmen und die schöne weite Welt zu erkunden.

Dies hielt ich alles auf einem großen Stück Karton fest. Dazu fertigte ich eine Collage mit vielen lebhaften Bildern meiner Wünsche und Ziele mit vielen schriftlichen Leitsätzen an.

Wie so ein Vision Board z.B. aussehen kann, siehst du hier:

Lass deine Wünsche wahr werden, indem du dich darauf fokussierst und sie dir ständig in deine Gedanken rufst und dir bildlich ausmalst, wie sie bereits in dein Leben gekommen sind und du deinen Traum oder Wunsch bereits lebst.

Probiere es einfach aus und halte hier gleich deine wichtigsten Ziele kurz fest, um danach dein ganz persönliches Vision Board anzufertigen:

_____

_____

_____

_____

_____

_____

_____

_____

_____

_____

Dieses Vision Board soll dir helfen, deine Träume klarer zu sehen und die Ziele, die in deinem Herzen schlummern, zum Leben zu erwecken. Es ist ein Werkzeug, das dir ermöglicht, deine Wünsche und Vorstellungen sichtbar zu machen – ein Bild deiner Zukunft, das dich immer wieder daran erinnert, wofür du jeden Tag aufs Neue aufstehst.

Wann immer du den Fokus verlierst oder das Leben hektisch wird, soll dieses Vision Board dich zurück zu deinen Zielen führen und dir neue Energie schenken. Möge es dich ermutigen, jeden Tag einen Schritt näher an deine Träume heranzutreten.

Erfülle deine Gedanken mit positiven Bildern und Worten. Was wir denken, formen wir, und was wir formen, gestalten wir in unserem Leben. Positive Gedanken sind wie Samen, die wachsen und uns mit neuer Energie erfüllen. Sie sind die stille Kraft hinter jedem Lächeln, jeder Idee und jedem Moment, in dem du dich mutig fühlst.

Jeder Gedanke hat die Macht, dein Leben ein kleines Stück heller zu machen. Erlaube dir, die Schönheit in kleinen Dingen zu sehen, das Gute in dir zu erkennen und dich selbst mit sanften, aufbauenden Worten zu begleiten. Denn mit positiven Gedanken erschaffst du nicht nur ein erfüllteres Leben, sondern auch eine friedvollere Welt für dich und die Menschen um dich herum.

Das waren nur einige Tipps, wie du dir ein glücklicheres Leben voller positiver Energie schaffen kannst.

Ich hoffe, dass diese Worte dich inspirieren, stärken und dir Mut geben, dein Leben mit Freude und Leichtigkeit zu gestalten. Jeder kleine Schritt zählt, jede noch so unscheinbare Entscheidung kann dich näher zu dem Menschen führen, der du sein möchtest.

Vielleicht wird es nicht immer leicht sein und die Herausforderungen werden dich hin und wieder zweifeln lassen. Doch wenn du immer wieder zu dir selbst zurückfindest, dir erlaubst, kleine Erfolge zu feiern und die Schönheit des Alltags zu schätzen, dann wird sich das Leben mit mehr Wärme, Dankbarkeit und Freude füllen.

.

Ich würde mich sehr darüber freuen, wenn du das Buch als hilfreich empfindest und du dir dein Leben genau nach Deinen Wünschen und Vorstellungen kreieren kannst.

Es ist mein Wunsch, dass diese Zeilen dir Inspiration und Kraft schenken – wie kleine Wegweiser, die dir helfen, den Pfad zu einem erfüllteren Leben zu finden. Denn am Ende liegt es ganz bei dir, dein Leben so zu formen, wie es sich für dich richtig anfühlt. Und wenn dieses Buch dir dabei auch nur ein kleines Stück weiterhilft, dann hat es seinen Zweck erfüllt.

Wie spielt jedoch die Verbindung zum Universum eine Rolle dazu?

Anziehung des Universums

Die Anziehung des Universums oder auch das Gesetz der Anziehung ist eine spirituelle und metaphysische Vorstellung, die besagt, dass du das, worauf du dich konzentrierst und was du in deinem Leben an Energie ausstrahlst, anziehen wirst. Einfach ausgedrückt: Deine Gedanken, Emotionen und Überzeugungen haben die Kraft, deine Realität zu formen, indem sie bestimmte Dinge, Menschen oder Situationen in dein Leben ziehen.

Die Anziehung des Universums ist kein magisches Konzept, sondern eher ein psychologisches Konzept. Unsere Gedanken und Emotionen beeinflussen unser Verhalten und unsere Entscheidungen, und das wiederum beeinflusst unsere Ergebnisse und Erfahrungen.

Wenn wir uns auf positive Dinge konzentrieren und unsere Gedanken auf das Gute richten, können wir positive Ereignisse und Situationen in unser Leben ziehen. Auf der anderen Seite, wenn wir uns auf negative Dinge konzentrieren und uns von Angst und Negativität beherrschen lassen, ziehen wir eher negative Ereignisse und Situationen an.

Es ist jedoch wichtig zu beachten, dass die Anziehung des Universums nicht bedeutet, dass wir einfach nur positiv denken müssen und dann automatisch alles, was wir uns wünschen, in unser Leben ziehen. Es erfordert auch konkrete Handlungen, um unsere Ziele zu erreichen.

Die Anziehung des Universums kann als Werkzeug genutzt werden, um uns zu motivieren und uns auf das Positive zu konzentrieren. Indem wir uns auf positive Gedanken und Emotionen und auf konkrete Handlungen konzentrieren, können wir unser Leben in die gewünschte Richtung lenken und uns auf den Weg zu einem erfüllten und glücklichen Leben machen.

Die Grundprinzipien des Gesetzes der Anziehung:

Gleiche Energien ziehen sich an:
Das Gesetz der Anziehung basiert auf der Vorstellung, dass alles im Universum aus Energie besteht. Positive Gedanken und Emotionen strahlen eine hohe, harmonische Energie aus, während negative Gedanken eine niedrigere, disharmonische Energie erzeugen. Das Universum reagiert darauf, indem es mehr von der Energie anzieht, mit der du dich am meisten identifizierst.

Wenn du positiv, dankbar und zuversichtlich bist, wirst du ähnliche Menschen und Situationen anziehen, die diese positive Energie widerspiegeln.

Gedanken manifestieren Realität:

Deine Gedanken sind nicht nur flüchtige Ideen, sondern tragen eine Schwingungsfrequenz. Wenn du deine Gedanken auf etwas Positives richtest, auf das, was du im Leben wirklich willst, beginnst du, diese Dinge zu „manifestieren", d. h. sie in deiner Realität zu erschaffen. Du ziehst die Dinge in dein Leben, auf die du fokussiert bist.

Wenn du dir ständig vorstellst, wie du deinen Traumjob bekommst und dich darauf freust, dann wirst du unterbewusst nach Wegen suchen und Chancen ergreifen, die dich näher zu diesem Ziel bringen.

Gefühle sind ein kraftvoller Magnet:

Deine Gefühle verstärken deine Gedanken. Wenn du fühlst, was du denkst – sei es Freude, Dankbarkeit oder Vertrauen – verstärkst du die Anziehungskraft. Das Universum reagiert auf deine emotionale Ausstrahlung und sendet dir mehr von dem, was du fühlst.

Wenn du dich gut fühlst, bist du offen und empfänglich für neue Möglichkeiten und positive Erlebnisse. Du strahlst diese positive Energie aus und ziehst ähnliche Erfahrungen an

Wie das Gesetz der Anziehung in deinem Leben wirken kann:

Beziehungen: Wenn du positive, liebevolle und harmonische Gedanken über Beziehungen hast, wirst du ähnliche Menschen anziehen, die mit dir in Resonanz sind. Hast du jedoch negative Gedanken über Beziehungen oder fühlst dich einsam, wirst du diese Emotionen und Erfahrungen weiter anziehen.

Wenn du Liebe und Wertschätzung in deinem Leben anziehen möchtest, beginne damit, Liebe und Wertschätzung in dir selbst zu kultivieren.

Gesundheit: Deine Gedanken und Glaubenssätze über deinen Körper und deine Gesundheit beeinflussen, wie du dich körperlich fühlst. Indem du positive Gedanken über deinen Körper denkst und ihn in Dankbarkeit und Wertschätzung behandelst, kannst du mehr Gesundheit und Wohlbefinden in dein Leben ziehen.

Beruf und Erfolg: Wenn du daran glaubst, dass du beruflich erfolgreich sein kannst, wirst du neue Chancen, Menschen und Erfahrungen anziehen, die dir helfen, deine Ziele zu erreichen. Wenn du hingegen an Selbstzweifeln festhältst, wirst du Hindernisse und Blockaden anziehen, die deinem Erfolg im Weg stehen.

Finanzen: Dein Glaube an Wohlstand und deine Fähigkeit, Geld zu verdienen, bestimmt, wie viel

Wohlstand du in dein Leben ziehst. Wenn du in Fülle denkst, wirst du Fülle in verschiedenen Formen erleben.

Praktische Tipps zur Anwendung des Gesetzes der Anziehung:

1. Sei dir deiner Gedanken bewusst: Achte darauf, was du den ganzen Tag denkst. Wenn du negative Gedanken bemerkst, versuche sie sofort durch positive zu ersetzen.

2. Setze klare Absichten: Definiere genau, was du in deinem Leben anziehen möchtest. Sei dabei konkret und spezifisch. Je klarer du dein Ziel definierst, desto leichter wird es, es zu manifestieren.

3. Nutze Visualisierungen und Affirmationen: Visualisiere regelmäßig, wie du dein Ziel bereits erreicht hast. Wiederhole täglich positive Affirmationen, die deine Absicht unterstützen.

4. Handle im Einklang mit deinen Zielen: Um das Gesetz der Anziehung zu aktivieren, ist es wichtig, dass du auch Maßnahmen ergreifst, die dich deinem Ziel näherbringen. Glaube an dich selbst und ergreife die richtigen Chancen, die sich dir bieten.

5.   Sei dankbar: Übe täglich Dankbarkeit für das, was du bereits hast, und für das, was noch kommen wird. Dankbarkeit verstärkt die positive Energie und zieht noch mehr positive Erfahrungen an.

Das Gesetz der Anziehung besagt, dass du das anziehst, worauf du deine Gedanken und Gefühle richtest. Indem du deine Energie auf das konzentrierst, was du dir wünschst, und Vertrauen in das Universum setzt, kannst du dein Leben in die Richtung lenken, die du dir erträumst. Es ist wichtig, an dich selbst zu glauben, positiv zu denken und geduldig zu sein, während du dich auf deine Ziele fokussierst. Die Kombination von positiver Ausstrahlung, Visualisierung, Dankbarkeit und Handeln ist der Schlüssel, um das zu manifestieren, was du in deinem Leben haben möchtest.

Ich vertraue dem Universum

Das Vertrauen in das Universum ist eine wunderbare Einstellung, die dir dabei helfen kann, eine positive und harmonische Verbindung zu allem, was ist, herzustellen. Wenn du dem Universum vertraust, gibst du dich dem Fluss des Lebens hin und bist offen für das, was das Universum für dich bereithält.

Hier sind einige Gedanken, die dir helfen können, dein Vertrauen in das Universum zu stärken:

Akzeptiere, dass das Universum für dich sorgt.

Glaube daran, dass das Universum eine natürliche Ordnung hat und dass es um das Wohl aller Lebewesen besorgt ist, einschließlich deines eigenen. Vertraue darauf, dass das Universum in harmonischer Weise wirkt und dir die Erfahrungen, Menschen und Ressourcen schickt, die du brauchst, um zu wachsen und glücklich zu sein.

Lass los und überlasse dem Universum die Kontrolle, anstatt krampfhaft an bestimmten Ergebnissen festzuhalten. Lerne loszulassen und dem Universum Raum zu geben, um zu handeln. Vertraue darauf, dass das Universum die besten Wege kennt, um deine Wünsche und Absichten zu erfüllen. Entwickle ein

Gefühl des Vertrauens und lass dich von der Führung des Universums leiten.

Sei offen für Zeichen:

Das Universum spricht auf verschiedene Weise zu uns, oft durch Zeichen oder Intuition. Sei aufmerksam und offen für diese Hinweise. Sie können dir Orientierung und Bestätigung geben, dass du auf dem richtigen Weg bist.

Praktiziere Dankbarkeit: Dankbarkeit ist ein kraftvolles Werkzeug, um das Vertrauen in das Universum zu stärken. Sei dankbar für das, was du bereits hast und für die Unterstützung, die du vom Universum erhältst. Indem du dich auf das Positive in deinem Leben konzentrierst, sendest du eine Energie der Fülle und des Vertrauens aus.

Vertraue deiner Intuition: Deine Intuition ist ein wertvoller Kompass auf deinem Weg. Lerne, deiner inneren Stimme zu vertrauen und auf deine innere Weisheit zu hören. Das Universum spricht oft durch deine Intuition zu dir und führt dich zu den richtigen Entscheidungen und Handlungen.

Geduld haben: Manchmal braucht es Zeit, bis sich die Dinge entfalten. Vertraue darauf, dass das Universum seinen eigenen Zeitplan hat und dass alles zum richtigen Zeitpunkt geschieht. Habe Geduld und vertraue darauf, dass das Universum für dich arbeitet, auch wenn es nicht immer auf den ersten Blick offensichtlich ist.

Das Vertrauen in das Universum ist eine kontinuierliche Praxis, die Zeit, Geduld und Bewusstsein erfordert. Indem du dein Vertrauen stärkst, wirst du eine tiefere Verbindung zum größeren Ganzen herstellen und mehr Frieden, Freude und Fülle in dein Leben einladen.

„Ich vertraue dem Universum" ist mehr als nur eine Phrase – es ist eine Entscheidung, sich dem Fluss des Lebens anzuvertrauen. Wenn du diese Einstellung einnimmst, wirst du feststellen, dass du mehr Freude, Frieden und Vertrauen in dein Leben ziehst. Das Universum hat einen Plan für dich, und auch wenn du nicht immer alle Antworten hast, kannst du darauf vertrauen, dass du genau da bist, wo du sein sollst – und dass alles zu deinem höchsten Wohl geschieht. Indem du dich dem Leben hingibst und mit positiver Energie in den Fluss gehst, öffnest du dich für die unendlichen Möglichkeiten, die das Universum dir bietet.

Kosmische Energie

Kosmische Energie ist eine kraftvolle, allgegenwärtige Energiequelle, die alles durchdringt und im gesamten Universum vorhanden ist. Diese Energie wird oft als die Grundlage des Lebens angesehen, die sowohl die Materie als auch das Bewusstsein beeinflusst. Viele spirituelle und philosophische Traditionen sprechen von einer Verbindung zur kosmischen Energie, die sowohl heilend als auch transformierend wirken kann.

Hier sind einige Aspekte und Sichtweisen in Bezug auf kosmische Energie:

Kreativität und Manifestation:

Kosmische Energie wird oft als Quelle der Kreativität und Manifestation angesehen. Es wird angenommen, dass diese Energie der Ursprung von Gedanken, Ideen und Formen ist und die Grundlage für die Schöpfung aller Dinge bildet.

Spirituelle Erleuchtung:

In einigen spirituellen Traditionen wird angenommen, dass der Zugang zur kosmischen Energie zu einem tieferen Verständnis der Realität, zur Erleuchtung und zu einem erweiterten Bewusstsein führen kann.

Heilung und Balance:

Kosmische Energie wird auch in einigen Heilungspraktiken verwendet, um Körper, Geist und Seele in Einklang zu bringen und die natürliche Balance wiederherzustellen.

Verbindung und Einheit:

Die Vorstellung von kosmischer Energie betont die Idee der Einheit und Verbundenheit aller Dinge im Universum. Es wird angenommen, dass wir alle Teil dieses größeren Energiegefüges sind.

Transzendenz von Raum und Zeit:

Einige Interpretationen von kosmischer Energie deuten darauf hin, dass sie über Raum und Zeit hinausgeht und somit eine Verbindung zu Dimensionen und Realitäten jenseits unserer gewohnten Wahrnehmung herstellen kann.

Die Wirkung der kosmischen Energie

Die kosmische Energie wirkt auf verschiedenen Ebenen:

1. Heilung: Sie kann körperliche, geistige und emotionale Blockaden lösen. Viele Menschen berichten, dass sie sich durch den Kontakt mit kosmischer Energie stärker, heiliger und energetisiert fühlen.

2. Transformation: Sie hilft dabei, sich von alten Gewohnheiten, Ängsten oder negativen Gedanken zu befreien. Kosmische Energie unterstützt Transformation und persönliches Wachstum.

3. Harmonie und Balance: Kosmische Energie fördert das Gleichgewicht im Leben. Sie hilft dabei, das innere Gleichgewicht zu finden und zu erhalten.

4. Intuition und Klarheit: Die Verbindung zur kosmischen Energie kann deine Intuition schärfen und dir helfen, klarer zu sehen und zu verstehen, was für dich im Leben wichtig ist.

Kosmische Energie im Alltag nutzen

•	Meditation: Nutze die Kraft der Meditation, um dich regelmäßig mit der kosmischen Energie zu verbinden und deine Gedanken zu klären.

•	Positive Affirmationen: Wiederhole Affirmationen, die deine Verbindung zur universellen Energie stärken, wie: „Ich bin offen für die kosmische Energie, die mich umgibt."

•	Natur: Verbringe Zeit im Freien, besonders an Orten, die dich ansprechen, wie Wälder, Berge oder Strände. Die Natur ist ein direkter Kanal zur kosmischen Energie.

•	Achtsamkeit im Alltag: Achte darauf, im Moment zu leben und deine Umgebung bewusst wahrzunehmen. Dies wird dir helfen, die kosmische Energie besser zu spüren und in dein Leben zu integrieren.

Kosmische Energie ist die universelle Lebensquelle, die alles durchdringt und verbindet. Sie ist immer da, aber um ihre transformative und heilende Kraft zu erleben, musst du dich bewusst auf sie ausrichten.

Durch Praktiken wie Meditation, Visualisierung, Achtsamkeit und Energiearbeit kannst du diese Energie in deinem Leben aktivieren und nutzen. Sie unterstützt dich dabei, zu wachsen, Heilung zu erfahren und dein wahres Potenzial zu entfalten.

Energiearbeit

Energiearbeit bezieht sich auf verschiedene Praktiken und Techniken, die darauf abzielen, die Energie im Körper, Geist und/oder in der Umgebung auszugleichen, zu harmonisieren und zu beeinflussen. Diese Praktiken basieren auf der Vorstellung, dass Energie eine fundamentale Kraft ist, die alle Aspekte unseres Lebens beeinflusst.

Durch gezielte Techniken und Methoden wird diese Energie gelenkt, um das Wohlbefinden zu steigern, Blockaden zu lösen und die Heilung auf körperlicher, geistiger und emotionaler Ebene zu unterstützen. Energiearbeit ist in vielen Kulturen und spirituellen Traditionen ein zentraler Bestandteil der Heilkunst.

Es gibt verschiedene Ansätze zur Energiearbeit: Hier sind einige der bekanntesten:

Reiki:

Eine japanische Form der Energiearbeit, bei der der Praktizierende seine Hände auf oder über den Körper legt, um Energie zu übertragen und den Energiefluss im Körper anzuregen.

Chakra-Arbeit:

Hierbei werden die sieben Hauptenergiezentren im Körper, auch Chakras genannt, behandelt und ausgeglichen, um eine harmonische Energieverteilung zu fördern.

Qi Gong und Tai Chi:

Diese traditionellen chinesischen Praktiken kombinieren Bewegung, Atmung und Achtsamkeit, um den Fluss von Qi (Lebensenergie) im Körper zu regulieren.

Cranio-Sacrale Heilung

Hierbei handelt es sich um eine sanfte, therapeutische Methode der Körperarbeit, die auf der Annahme beruht, dass der Körper eine natürliche Fähigkeit zur Selbstheilung besitzt. Die Cranio-Sacrale Therapie (CST) konzentriert sich auf die Behandlung des Cranio-Sacral-Systems, also des Systems von Membranen und Flüssigkeiten, die das Gehirn und das Rückenmark umhüllen. Diese Therapieform wurde ursprünglich von Dr. John Upledger, einem Osteopathen, entwickelt und hat sich seitdem als effektive Methode zur Linderung von Schmerzen und zur Förderung des allgemeinen Wohlbefindens etabliert.

Auralesen:

Diese Praktik beinhaltet das Lesen und Interpretieren der Energie im Energiefeld einer Person (Aura) zur Erkenntnisgewinnung und zur Identifizierung von möglichen Ungleichgewichten.

Kristallheilung:

Hierbei werden Kristalle oder Edelsteine verwendet, um Energie zu lenken, zu verstärken oder zu beruhigen und die Balance wiederherzustellen.

Prana-Heilung:

Eine Methode aus der ayurvedischen Tradition Indiens, bei der Prana (Lebenskraft) verwendet wird, um den Energiefluss zu beeinflussen und den Körper zu heilen.

Schamanische Energiearbeit:

In schamanischen Traditionen werden Techniken wie Trommeln, Rasseln oder Trance verwendet, um in einen erweiterten Bewusstseinszustand einzutreten und mit spirituellen Kräften zu interagieren.

Theta-Healing:

Diese Methode beinhaltet die Erzeugung von Theta-Wellen im Gehirn, um das Unterbewusstsein zu beeinflussen und negative Überzeugungen durch positive zu ersetzen.

Vorteile der Energiearbeit

Förderung der körperlichen Gesundheit:
Durch das Auflösen von Blockaden im Energiefluss können chronische Schmerzen und Beschwerden gelindert werden. Energiearbeit unterstützt den Heilungsprozess und stärkt das Immunsystem.

Emotionale Heilung:
Energiearbeit hilft dabei, emotionale Blockaden, Traumata, Ängste und Stress abzubauen, was zu mehr innerer Ruhe und emotionaler Ausgeglichenheit führt.

Geistige Klarheit:

Indem du deinen Energiefluss ausbalancierst, kannst du deine geistige Klarheit und Intuition verbessern, was zu besseren Entscheidungen und mehr innerer Orientierung führt.

Spirituelles Wachstum: Energiearbeit unterstützt das spirituelle Wachstum und die Entwicklung, indem sie die Verbindung zu deinem höheren Selbst und zur universellen Energie stärkt.

Wie du mit Energiearbeit beginnen kannst

Suche dir eine Methode, die zu dir passt: Beginne mit einer Methode, die dich anspricht – sei es Reiki, Meditation, Qi Gong oder eine andere Technik. Experimentiere, um herauszufinden, welche am besten zu dir und deinen Zielen passt.

Lerne von einem erfahrenen Lehrer: Um die Technik richtig anzuwenden und die volle Wirkung zu erfahren, ist es sinnvoll, einen erfahrenen Lehrer oder Praktizierenden zu finden, der dich in der Praxis anleitet.

Verwende die Technik regelmäßig: Energiearbeit ist eine fortlaufende Praxis. Um ihre vollen Vorteile zu nutzen, ist es wichtig, regelmäßig Zeit dafür einzuplanen und die Methoden kontinuierlich anzuwenden.

Energiearbeit ist eine kraftvolle Methode, um die Gesundheit und das Wohlbefinden zu fördern, emotionale Blockaden zu lösen und das spirituelle Wachstum zu unterstützen. Sie hilft, den natürlichen Energiefluss im Körper wiederherzustellen und die Harmonie zwischen Körper, Geist und Seele zu fördern. Die verschiedenen Techniken bieten für jeden Menschen einen individuell passenden Ansatz, um sich mit der eigenen Energie und dem Universum zu verbinden

Es ist wichtig zu beachten, dass Energiearbeit oft als komplementäre oder alternative Methode zur Unterstützung des Wohlbefindens angesehen wird. Während viele Menschen positive Erfahrungen mit Energiearbeit gemacht haben, gibt es keine wissenschaftlichen Beweise, die ihre Wirksamkeit in medizinischem Sinne eindeutig belegen.

Wenn du Interesse an Energiearbeit hast, ist es ratsam, qualifizierte Praktizierende zu konsultieren und dich über verschiedene Methoden zu informieren, um diejenige auszuwählen, die am besten zu dir passt.

Frequenzen

Der Gedanke, dass wir „Frequenzen" sind, spiegelt die Idee wider, dass alles im Universum, einschließlich Menschen, aus Energie und Schwingungen besteht.

Hier sind einige Überlegungen dazu:

1. Körperliche Schwingungen
Jeder Teil unseres Körpers hat seine eigene Frequenz, die durch die Schwingungen von Zellen, Molekülen und Atomen bestimmt wird. Diese Schwingungen sind entscheidend für unsere physische Gesundheit und unser Wohlbefinden.

2. Emotionale Frequenzen
Emotionen können ebenfalls als Frequenzen betrachtet werden. Verschiedene Gefühle schwingen auf unterschiedlichen energetischen Ebenen. Positive Emotionen wie Freude und Liebe haben höhere Frequenzen, während negative Emotionen wie Angst oder Wut niedrigere Frequenzen aufweisen. Die Schwingung unserer Emotionen beeinflusst, wie wir uns fühlen und wie wir mit der Welt interagieren.

3. Bewusstsein und Frequenzen

Das Konzept, dass wir Frequenzen sind, hat auch spirituelle Dimensionen. Viele spirituelle Traditionen glauben, dass unsere Gedanken und Intentionen energetische Schwingungen erzeugen, die unsere Realität beeinflussen. Achtsamkeit und Meditation helfen, die eigene Frequenz anzuheben und ein höheres Bewusstsein zu erreichen.

4. Verbindung zur Umwelt

Wir sind nicht isolierte Frequenzen; wir interagieren ständig mit anderen Frequenzen in unserer Umgebung. Diese Wechselwirkungen können unser Wohlbefinden beeinflussen, sei es durch die Menschen, mit denen wir uns umgeben, oder durch die energetischen Schwingungen von Orten und Natur.

Was sind Frequenzen?

Frequenzen sind Schwingungen pro Sekunde und werden in Hertz (Hz) gemessen. Alles im Universum schwingt auf einer bestimmten Frequenz, einschließlich unserer eigenen Körper und Gedanken. Hochfrequente Schwingungen sind typischerweise mit positiven Emotionen und Zuständen wie Freude, Liebe und Frieden verbunden, während niederfrequente Schwingungen oft mit negativen Zuständen wie Angst und Wut korrelieren.

Die Bedeutung der Schumann-Resonanz

Die Schumann-Resonanz ist ein bekanntes Phänomen, das nach dem deutschen Physiker Winfried Otto Schumann benannt ist. Sie beschreibt die elektromagnetischen Wellen, die in der Erdatmosphäre zwischen der Erdoberfläche und der Ionosphäre resonieren. Die Hauptfrequenz der Schumann-Resonanz beträgt 7,83 Hz, aber es gibt mehrere harmonische Frequenzen, darunter 14,07 Hz, 20,25 Hz und andere.

Diese Resonanzen entstehen hauptsächlich durch Blitzaktivitäten weltweit und werden oft als „Herzschlag der Erde" bezeichnet. Forschungen haben gezeigt, dass diese Frequenzen eine tiefgreifende Wirkung auf das menschliche Bewusstsein und Wohlbefinden haben können. Menschen, die in Harmonie mit diesen natürlichen Frequenzen leben, berichten oft von einer gesteigerten Klarheit, besserer Konzentration und einem allgemeinen Gefühl des Wohlbefindens. Studien deuten darauf hin, dass die Schumann-Resonanz das menschliche Gehirn und das Nervensystem positiv beeinflussen kann, indem sie Stress reduziert und das Immunsystem stärkt

Schwingung und Energie bei Hochfrequenten Menschen

Hochfrequente Menschen, auch als Menschen mit hoher Schwingungsfrequenz bekannt, strahlen positive, hohe Energie aus. Sie sind oft achtsam, dankbar und in Harmonie mit sich selbst und ihrer Umgebung. Diese Menschen erhöhen ihre Schwingungsfrequenz durch Meditation, gesunde Ernährung und eine positive Lebensweise. Sie fühlen sich zu ähnlichen Frequenzen hingezogen und nutzen die Schumann-Resonanz, um ihre meditative Praxis zu vertiefen und ein höheres Bewusstsein zu erreichen.

Menschen mit hoher Schwingungsfrequenz zeichnen sich durch Sensibilität und Empathie aus. Sie nehmen subtile energetische Veränderungen wahr und reagieren stark auf diese Einflüsse. Hochsensible Personen erleben die Welt intensiver und haben tiefere emotionale und spirituelle Erfahrungen. Sie bewahren oft eine positive Einstellung und pflegen eine tiefe Verbindung zur Natur und zu anderen Menschen. Achtsamkeit, Dankbarkeit und Selbstfürsorge sind zentrale Praktiken, um ihre Schwingungen hoch zu halten und ein erfülltes Leben zu führen. Diese Praktiken helfen, Stress abzubauen und Energie aufrechtzuerhalten, wodurch sie positive Erfahrungen und Menschen anziehen.

Die Schumann-Resonanz und Hochfrequenz

Die Schumann-Resonanz, die bei etwa 7,83 Hz liegt, wird oft als der „Herzschlag der Erde" bezeichnet. Sie bietet eine Frequenz, die hochfrequente Menschen nutzen können, um ihre meditative Praxis zu vertiefen und ein höheres Bewusstsein zu erreichen. Diese Resonanz wird durch die weltweite Gewitteraktivität erzeugt und beeinflusst das menschliche Bewusstsein positiv. Es wird angenommen, dass die Schumann-Resonanz dazu beiträgt, Stress abzubauen, das Immunsystem zu stärken und das allgemeine Wohlbefinden zu verbessern.

Durch die Verbindung zur Schumann-Resonanz können hochfrequente Menschen ihre Energie und Schwingungsfrequenz weiter erhöhen. Diese tiefe Verbindung zur natürlichen Frequenz der Erde hilft ihnen, ausgeglichener und harmonischer zu leben. Die Nutzung dieser Frequenz kann helfen, ein höheres Bewusstsein zu erreichen und die eigene meditative Praxis zu vertiefen.

Einfluss von Frequenzen auf Stimmung und Energie

Unsere Stimmung und Energie können stark von den Frequenzen beeinflusst werden, denen wir ausgesetzt sind. Musik ist ein hervorragendes Beispiel dafür. Bestimmte Frequenzen, wie die 432-Hz-Frequenz, sollen beruhigende und heilende Wirkungen haben. Im Gegensatz dazu können chaotische und laute Umgebungen unsere Frequenz senken und uns gestresst oder unwohl fühlen lassen.

Durch die Integration von hochfrequenten Praktiken in unser tägliches Leben, wie Meditation, gesunde Ernährung und regelmäßige Bewegung können wir unsere eigene Schwingungsfrequenz erhöhen. Dies führt nicht nur zu einem besseren physischen und emotionalen Wohlbefinden, sondern hilft uns auch, ein harmonischeres und erfüllteres Leben zu führen.

Ich liebe es täglich meine Heilfrequenzen zu hören.

Heilfrequenzen beziehen sich auf bestimmte Schwingungen und Töne, die als heilend und harmonisierend für Körper, Geist und Seele angesehen werden. Diese Frequenzen basieren auf der Annahme, dass der menschliche Körper und das gesamte Universum auf bestimmte Schwingungen reagieren und dass diese Schwingungen positive Auswirkungen auf das Wohlbefinden haben können.

Heilfrequenzen werden häufig in der Klangheilung, Meditation, Musiktherapie und anderen heilenden Praktiken verwendet, um Blockaden zu lösen, Energie ins Gleichgewicht zu bringen und die Selbstheilungskräfte des Körpers zu aktivieren.

Die Bedeutung von Frequenzen in der Heilung

Jeder Körper, jedes Organ und sogar jede Zelle im Körper hat ihre eigene natürliche Schwingungsfrequenz. Wenn diese Frequenzen im Einklang mit der Natur und in Balance sind, fördert dies die Gesundheit und das Wohlbefinden. Werden diese Frequenzen jedoch durch äußere Einflüsse wie Stress, Umweltverschmutzung oder emotionale Belastungen gestört, können gesundheitliche Probleme auftreten.

Heilfrequenzen basieren auf der Idee, dass bestimmte Töne oder Klänge die Fähigkeit haben, diese natürlichen Frequenzen zu stabilisieren und das energetische Gleichgewicht wiederherzustellen.

Wichtige Heilfrequenzen

432 Hz – Die natürliche Frequenz des Universums: 432 Hz wird oft als die "natürliche" oder "kosmische" Frequenz bezeichnet, weil sie mit der natürlichen Resonanz des Universums in Einklang steht. Es wird angenommen, dass Musik, die in dieser Frequenz gestimmt ist, tief entspannend wirkt und das gesamte Energiesystem des Körpers harmonisiert. Viele Menschen berichten von einem Gefühl der Ruhe und des inneren Friedens, wenn sie Musik hören, die auf 432 Hz gestimmt ist.

Vorteile: Entspannung, Stressabbau, Förderung des inneren Friedens und der emotionalen Ausgeglichenheit.

528 Hz – Die Frequenz der Liebe und Heilung: 528 Hz wird oft als "Frequenz der Liebe" bezeichnet und ist eng mit der DNA-Reparatur und Heilung verbunden. Es wird angenommen, dass diese Frequenz den Körper auf zellulärer Ebene heilt und die Schwingungen des Herzens harmonisiert.

Vorteile: Förderung der körperlichen Heilung, Stärkung der Selbstliebe und emotionalen Heilung, Reparatur von DNA-Strukturen.

639 Hz – Die Frequenz der zwischenmenschlichen Beziehungen: 639 Hz wird oft verwendet, um die Kommunikation zu fördern, Harmonie in zwischenmenschlichen Beziehungen herzustellen und Blockaden in jenen Chakras zu lösen, die mit Beziehungen und der Fähigkeit zur Kommunikation zusammenhängen.

Vorteile: Verbesserung der zwischenmenschlichen Kommuni- kation, Förderung von Beziehungen und Harmonie, Lösen emotionaler Blockaden.

741 Hz – Die Frequenz der Selbstexpression: Diese Frequenz wird mit dem Halschakra in Verbindung gebracht und ist hilfreich, um die eigene Wahrheit auszudrücken und die Kreativität zu fördern. 741 Hz kann dabei helfen, Blockaden im Halsbereich zu lösen und die Fähigkeit zur authentischen Kommunikation zu stärken.

Vorteile: Stärkung der Kreativität, Förderung der klaren Kommunikation, Reinigung des Halschakras.

852 Hz – Die Frequenz der spirituellen Entwicklung: 852 Hz wird häufig mit dem dritten Auge und der Förderung von Intuition und spirituellem Wachstum in Verbindung gebracht. Diese Frequenz kann helfen, die geistige Klarheit zu verbessern und die Verbindung zum höheren Selbst zu stärken.

Vorteile: Förderung der spirituellen Entwicklung, Verbesserung der Intuition und geistigen Klarheit, Verbindung zum höheren Selbst.

963 Hz – Die Frequenz des göttlichen Bewusstseins: 963 Hz wird als die Frequenz des "göttlichen Bewusstseins" bezeichnet. Sie hilft dabei, das Bewusstsein zu erweitern und die Verbindung zum Universum oder zum höheren spirituellen Zustand zu fördern.

Vorteile: Öffnung des Kronenchakras, Erweiterung des Bewusstseins, Förderung einer tiefen spirituellen Verbindung.

Solfeggio-Frequenzen

Die oben genannten Frequenzen sind Teil der Solfeggio-Frequenzen, einer Gruppe von sechs Tönen, die in der westlichen Musiktradition verwendet wurden und die in den letzten Jahren wieder populär geworden sind. Diese Frequenzen sind uralt und wurden im Mittelalter von gregorianischen Mönchen in der Musik verwendet. Man glaubt, dass sie eine besondere Kraft haben, um das spirituelle Wachstum zu fördern und den Körper zu heilen.

Die Solfeggio-Frequenzen sind:

UT – 396 Hz (Befreiung von Angst und Schuld)

RE – 417 Hz (Transformation und Veränderung)

MI – 528 Hz (Wunderheilung und DNA-Reparatur)

FA – 639 Hz (Beziehungen und Harmonie)

SOL – 741 Hz (Selbstausdruck und Lösung von Blockaden)

LA – 852 Hz (Wiederverbindung mit dem spirituellen Selbst)

SI – 963 Hz (Erweckung des göttlichen Bewusstseins)

Diese Frequenzen sind speziell dafür bekannt, die Chakras zu harmonisieren und den Körper auf allen Ebenen zu heilen.

Anwendung von Heilfrequenzen

Klangheilung:
Für Heilfrequenzen werden häufig Klangschalen, Trommeln, Gongs oder Musik eingesetzt, um die körpereigenen Schwingungen zu harmonisieren. Der Klang von Schalen, die in bestimmten Frequenzen gestimmt sind, wird direkt auf den Körper übertragen oder in einem Raum abgespielt, um den gesamten Energiefluss zu beeinflussen.

Meditation:
Heilfrequenzen werden in vielen Meditationstechniken eingesetzt, um eine tiefere Entspannung zu fördern und das geistige und emotionale Gleichgewicht zu stabilisieren. Oft werden diese Frequenzen in Form von Musik oder Klängen in Meditationen integriert.

Heilfrequenzen sind ein kraftvolles Werkzeug zur Förderung der körperlichen und geistigen Heilung. Sie basieren auf der Idee, dass der Körper und die Seele auf spezifische Schwingungen und Töne reagieren und dass das richtige Frequenzspektrum das energetische Gleichgewicht wiederherstellen kann. Ob durch Musik, Meditation, Klangschalen oder andere Methoden – Heilfrequenzen können dabei helfen, Stress abzubauen, Blockaden zu lösen und die Selbstheilungskräfte zu aktivieren.

Wir schwingen

Wir schwingen – ein wunderschöner Gedanke, der tief in die Verbindung von Körper, Geist und Seele eindringt. Alles im Universum, einschließlich unseres Körpers, ist in ständiger Bewegung und Schwingung. Diese Schwingungen oder Frequenzen, sind die Grundlage für unsere Existenz und beeinflussen, wie wir uns fühlen, wie gesund wir sind und wie wir mit der Welt um uns herum in Resonanz treten.

Was bedeutet "Schwingen"?
Der Begriff "Schwingen" bezieht sich auf die Fähigkeit aller Dinge im Universum, in einer bestimmten Frequenz zu vibrieren. Dies gilt für materielle Objekte, lebende Organismen, Gedanken, Emotionen und sogar die Energie, die uns umgibt. Alles ist Energie, und diese Energie manifestiert sich in Form von Schwingungen, die durch Raum und Zeit reisen. Schwingungen entstehen, wenn sich etwas in einem regelmäßigen Rhythmus bewegt, ähnlich wie bei einer Gitarrensaite, die vibriert, wenn sie gezupft wird. Diese Schwingungen erzeugen Wellen, die durch die Luft oder andere Medien reisen. Der menschliche Körper selbst hat seine eigene natürliche Schwingungsfrequenz, und diese Frequenz kann durch verschiedene Einflüsse – sei es durch Musik, Gedanken, Emotionen oder Umweltfaktoren – beeinflusst werden.

Unsere Schwingung und ihre Auswirkungen

Jeder von uns hat eine persönliche Schwingung, die durch viele Faktoren beeinflusst wird, wie etwa:

- Gedanken und Emotionen: Unsere Gedanken und Gefühle erzeugen elektromagnetische Felder und beeinflussen unsere innere Schwingung. Positive Gedanken und Emotionen wie Liebe, Freude und Dankbarkeit erhöhen unsere Schwingung, während negative Emotionen wie Angst, Wut oder Traurigkeit unsere Frequenz senken können.

- Gesundheit und Wohlbefinden: Körperliche Gesundheit hat ebenfalls eine direkte Auswirkung auf unsere Schwingungen. Eine ausgewogene Ernährung, regelmäßige Bewegung, ausreichend Schlaf und das Pflegen von emotionalem Wohlbefinden tragen dazu bei, dass wir in einer höheren Frequenz schwingen.

- Umwelt: Die Umgebung, in der wir uns aufhalten, beeinflusst ebenfalls unsere Schwingungen. Harmonische, friedliche Umgebungen fördern eine hohe Schwingung, während stressige oder chaotische Umfelder unsere Frequenz senken können.

- Musik und Klänge: Musik, insbesondere Klänge in bestimmten Frequenzen, haben die Fähigkeit, die Schwingungen unseres Körpers zu verändern. Frequenzen wie 528 Hz (die Frequenz der Liebe und Heilung) oder 432 Hz (die kosmische Frequenz) sind dafür bekannt, unser Energiefeld zu harmonisieren und uns in einen Zustand des Wohlbefindens zu versetzen.

Schwingungen und die Verbindung zum Universum

Das Universum selbst schwingt auf einer sehr hohen Frequenz. Alles, was existiert, ist miteinander verbunden – die Sterne, die Planeten, die Erde und jeder einzelne von uns. In der esoterischen und spirituellen Philosophie wird oft betont, dass das, was wir aussenden, zu uns zurückkehrt. Dies ist das Prinzip der Resonanz: Wenn wir in einer höheren Schwingung schwingen, ziehen wir ähnliche Frequenzen und positive Energien an. Wenn wir in einer niedrigen Schwingung schwingen, können wir auch Negatives anziehen.

Das bedeutet, dass wir bewusst unsere Schwingung beeinflussen können – durch unsere Gedanken, durch die Menschen, mit denen wir uns umgeben, und durch die Praktiken, die wir in unser Leben integrieren. Dinge wie Meditation, positives Denken,

Achtsamkeit und Selbstliebe tragen dazu bei, die persönliche Schwingung zu erhöhen und ein Leben in Harmonie und Wohlstand zu manifestieren.

Wie können wir unsere Schwingung erhöhen?
Es gibt viele Möglichkeiten, wie wir aktiv unsere Schwingung erhöhen und in Einklang mit dem Universum leben können:

1. Positive Gedanken und Affirmationen:
Positive Gedanken und regelmäßige Affirmationen helfen dabei, die eigene Schwingung zu erhöhen und den Geist von negativen Gedankenmustern zu befreien. Indem wir uns auf das Gute fokussieren, steigen wir auf eine höhere Schwingungsebene.

2. Meditation und Achtsamkeit:
Meditation ist eine wunderbare Praxis, um die innere Schwingung zu erhöhen. Sie hilft, den Geist zu beruhigen, das Nervensystem zu entspannen und eine Verbindung zu unserem höheren Selbst und dem Universum herzustellen.

3. Klangtherapie und Musik:
Musik ist ein kraftvolles Werkzeug, um unsere Schwingung zu verändern. Bestimmte Frequenzen und Klänge wie 432 Hz, 528 Hz

oder Solfeggio-Frequenzen können dabei helfen, Blockaden zu lösen und das energetische Feld auszugleichen.

4. Natur und Erdung: Der Kontakt mit der Natur hat eine sehr positive Auswirkung auf unsere Schwingung. Barfußlaufen auf Erde oder Gras, das Atmen frischer Luft und das Verweilen in natürlichen Umfeldern helfen dabei, unsere Schwingung zu harmonisieren und uns mit dem natürlichen Rhythmus der Erde zu verbinden.

5. Liebe und Dankbarkeit: Die Praxis der Liebe und Dankbarkeit hebt unsere Schwingung erheblich. Wenn wir in Liebe und Dankbarkeit leben, senden wir diese positiven Energien in die Welt, und das Universum reagiert darauf, indem es mehr von diesem Guten in unser Leben bringt.

6. Selbstfürsorge und Heilung: Sich um sich selbst zu kümmern – sowohl körperlich als auch emotional – ist eine der besten Methoden, um die eigene Schwingung zu erhöhen. Dies kann durch Ernährung, Bewegung, ausreichend Schlaf und das

Loslassen von alten, belastenden Glaubensmustern geschehen.

7. Kreativität und Selbstausdruck: Kreativität ist eine kraftvolle Möglichkeit, die eigene Schwingung zu erhöhen. Durch das Ausdrücken von Gedanken, Gefühlen und Ideen, sei es durch Malerei, Musik, Tanz oder Schreiben, bringen wir uns selbst in Einklang mit unserer inneren Wahrheit und erhöhen unsere energetische Frequenz.

Wir sind Schwingungen

Jedes Lebewesen und jedes Teilchen des Universums schwingt, und diese Schwingungen beeinflussen alles um uns herum. Indem wir uns bewusst auf unsere Schwingung konzentrieren und sie positiv beeinflussen, können wir ein harmonischeres Leben erschaffen, das in Einklang mit dem Universum steht. Wir sind Schwingungen, und durch die Wahl, in einer hohen Frequenz zu schwingen, haben wir die Macht, unser Leben und unsere Welt zu transformieren.

Glückseligkeit

Ich wünsche euch allen einen Zustand der Glückseligkeit.

Glückseligkeit ist ein Befinden des tiefen, unerschütterlichen inneren Friedens und der Freude, der über vorübergehende Zufriedenheit oder Vergnügen hinausgeht. Es ist das Gefühl, vollkommen erfüllt und im Einklang mit sich selbst und der Welt zu sein. Glückseligkeit ist nicht abhängig von äußeren Umständen oder dem Streben nach materiellem Wohlstand, sondern kommt aus einer inneren Quelle des Friedens, der Akzeptanz und des Verständnisses.

Was ist Glückseligkeit?
Glückseligkeit ist eine Form des Glücks, die nicht nur mit einem Moment des Erfolgs oder eines besonderen Ereignisses verbunden ist, sondern mit einer konstanten, tiefen inneren Ruhe und Freude, die unabhängig von den Höhen und Tiefen des Lebens existiert. Sie ist das Ergebnis von Selbstverwirklichung, Akzeptanz und einem Leben, das mit Liebe, Mitgefühl und Dankbarkeit gefüllt ist.
Es ist ein Zustand des „Seins", bei dem du das Gefühl hast, vollständig im Einklang mit dem Universum zu leben und in jedem Moment eine tiefere Erfüllung zu erfahren. Glückseligkeit ist weniger etwas, das man

erreicht, sondern vielmehr ein Zustand, den man kultiviert, indem man sich auf das Wesentliche besinnt und das Leben mit einer offenen, liebevollen Haltung annimmt.

Merkmale der Glückseligkeit

1. Tiefes inneres Friedensgefühl: Glückseligkeit ist ein Zustand von innerem Frieden. Es ist das Fehlen von inneren Konflikten, Ängsten und Zweifeln. In der Glückseligkeit gibt es keine äußeren Bedingungen, die uns diesen Frieden nehmen können, weil er aus dem Inneren kommt.

2. Losgelöst von äußeren Umständen: Glückseligkeit ist nicht abhängig von materiellen Dingen oder äußeren Erfolgen. Während andere Glücksmomente oft durch äußere Bedingungen beeinflusst werden – etwa durch den Erhalt eines Geschenks oder das Erreichen eines Ziels – bleibt die Glückseligkeit beständig, auch wenn die äußeren Umstände schwanken.

3. Dankbarkeit und Demut: Glückseligkeit geht oft Hand in Hand mit Dankbarkeit. Menschen, die Glückseligkeit erfahren, sind sich der Fülle ihres Lebens bewusst und fühlen sich dankbar für alles, was sie haben. Sie schätzen die kleinen Dinge

und sind oft von einer demütigen Haltung gegenüber dem Leben geprägt.

4. Selbstakzeptanz:
In einem Zustand der Glückseligkeit akzeptierst du dich selbst vollkommen, mit all deinen Stärken und Schwächen. Du bist in der Lage, dich so zu lieben, wie du bist, ohne dich mit anderen zu vergleichen oder dich zu verurteilen. Diese Akzeptanz ist ein zentraler Bestandteil des inneren Friedens.

5. Harmonie mit der Welt: Glückseligkeit geht oft mit einer tiefen Verbundenheit zur Natur, zu anderen Menschen und zum Universum einher. Es entsteht ein Gefühl von Zugehörigkeit und das Wissen, dass du Teil eines größeren Ganzen bist.

6. Höchste Lebensfreude: Menschen, die in einem Zustand der Glückseligkeit leben, sind in der Lage, das Leben in seiner vollen Tiefe und Schönheit zu genießen. Sie erleben Freude nicht nur in den großen Momenten, sondern auch im Alltag und in den scheinbar unbedeutenden Details des Lebens.

Wege zur Glückseligkeit
Glückseligkeit beginnt von innen. Es ist wichtig, regelmäßig in sich selbst hineinzuhören und sich mit

den eigenen Gefühlen und Gedanken auseinanderzusetzen. Achtsamkeit und Meditation können dabei helfen, Blockaden zu erkennen und loszulassen.

Der Wunsch nach Kontrolle und die Anhaftung an bestimmte Ergebnisse können das Erleben von Glückseligkeit blockieren. Indem du lernst, Dinge loszulassen, sei es vergangene Verletzungen, Ängste oder übermäßige Erwartungen, schaffst du Raum für inneren Frieden.

Vergebung – sowohl anderen als auch sich selbst – ist ein mächtiges Werkzeug auf dem Weg zur Glückseligkeit. Wenn du Groll und negative Emotionen loslässt, öffnest du dein Herz für Liebe und Frieden.

Die Bedeutung der Glückseligkeit
Glückseligkeit ist nicht nur ein subjektiver Zustand, sondern auch eine Quelle von Energie und Inspiration für die Menschen um uns. Wenn wir in einem Zustand der Glückseligkeit sind, strahlen wir diese positive Energie aus und beeinflussen die Welt um uns herum auf eine kraftvolle Weise. Wir werden zu einem Licht für andere, das ihnen hilft, ebenfalls einen Zustand von Frieden und Erfüllung zu finden.

In diesem Buch geht es darum, dir Werkzeuge, Inspiration und Erkenntnisse zu geben, damit du deinen eigenen Weg zur Glückseligkeit gehen kannst. Es ist ein Leitfaden für die Entfaltung deines inneren Potentials und die Verbindung zu deiner tiefsten Quelle des Friedens und der Freude. Die Themen, die du hier entdecken wirst, sind nicht nur theoretische Konzepte, sondern praktische Schritte und Übungen, die dir helfen werden, die höchsten Ebenen des Glücks zu erreichen.

Indem du die Prinzipien und Übungen in diesem Buch aufnimmst, wirst du mehr und mehr in einen Zustand von Glückseligkeit eintreten, der unabhängig von äußeren Umständen ist. Du wirst lernen, wie du dich selbst heilen, deine innere Balance finden und das Leben in seiner ganzen Tiefe genießen kannst.

Es ist meine größte Hoffnung, dass dieses Buch dir den Weg zeigt, das wahre, dauerhafte Glück zu finden – das Glück, das in dir selbst verankert ist und das nur darauf wartet, entfaltet zu werden. Möge dieses Werk dir helfen, dein volles Potential zu erkennen und das Leben in seiner höchsten Form von Glückseligkeit zu erleben.

Ich wünsche dir von Herzen, dass du in den Seiten dieses Buches Inspiration, Weisheit und die Kraft findest, deine eigene Glückseligkeit zu erlangen und sie in jeder Facette deines Lebens zu leben.

Praxisbeispiele
Visualisierungsübungen
Meditationen

Idealvorstellungen

Kreatives Visualisieren kann verschiedene Formen annehmen.

Je klarer deine Idealvorstellungen sind, umso leichter hast du mit kreativem Visualisieren Erfolg.

Schreiben hilft Dir, deine Vorstellungen zu verdeutlichen. Im Laufe dieser Übung wird dir innerlich klar, was du wirklich willst, und du wirst es leicht verwirklichen können. Ich wende sie für alle Ziele an, die mir wichtig sind.

Übung:

Denke an ein Ziel, das dir wichtig ist. Es kann ein langfristiges oder kurzfristiges sein.

Fasse das Ziel in einem Satz so klar wie möglich zusammen und schreib ihn auf.

Schreib darunter „Meine Idealvorstellung". Schildere sie möglichst genau in der Gegenwartsform, als ob alles schon Wirklichkeit wäre, in so vielen Einzelheiten, wie du willst.

Schreib anschließend ganz unten hin:

Dies oder etwas Besseres manifestieren sich jetzt für mich auf eine völlig befriedigende Weise.

Setz dich nun ruhig hin, entspanne dich, visualisiere deine Idealvorstellung, geh dabei in einen meditativen Zustand und mach deine Affirmationen.

Halte deine Idealvorstellung im Notizbuch fest, bring sie im Schreibtisch unter. Leg sie neben das Bett oder hänge sie an die Wand. Lies sie oft durch, verändere sie wenn nötig. Besinne dich während deiner Meditationsübung auf sie.

Achtung: Legst du sie in eine Schublade und denkst nicht mehr daran, wirst du höchstwahrscheinlich eines Tages feststellen, dass sie sich manifestiert hat - ohne dass du bewusst Energie aufgewendet hast.

Ich habe oft meine alten Ziele, Idealvorstellungen und Schatzkarten durchgesehen und überrascht entdeckt, dass Dinge, die ich vergessen hatte, auf wunderbare Weise in meinem Leben Wirklichkeit geworden sind, fast genauso, wie ich es mir ursprünglich vorgestellt hatte.

Die rosarote Seifenblase

Diese Meditation ist einfach, aber erstaunlich wirkungsvoll.

Probiere sie hier einfach aus:

Sitze oder liege bequem, schließ die Augen und atme tief, langsam und gleichmäßig. Entspanne dich tiefer und tiefer.

Male dir möglichst bildhaft aus, was du gerne manifestieren möchtest. Lass es in deinen Gedanken schon Wirklichkeit sein.

Hülle nun in deiner Phantasie den visualisierten Wunsch in eine rosarote Seifenblase ein. Rosarot ist eine Farbe, die mit dem Herzen assoziiert wird – nutze deshalb die Energie dieser Farbe zur Verwirklichung von Wünschen, die deinem inneren Wesen entsprechen.

Der dritte Schritt ist, die Seifenblase treiben zu lassen. Stell dir vor, wie sie in das Universum hinausschwebt, mit deiner Vision im Inneren. Das symbolisiert dein gefühlsmäßiges „Loslassen". Nun schwebt sie frei im Universum, zieht Energie an und sammelt sie, um deine Vision zu manifestieren.

Erdung und Energiefluss
Meditation

Diese Übung hilft dir, dich mit der Erde zu verbinden und deinen Energiefluss zu harmonisieren. Sie kann sowohl im Sitzen als auch im Stehen durchgeführt werden.

Erdung und Energiefluss-Meditation

1.   Vorbereitung:

Finde einen ruhigen, bequemen Ort, an dem du ungestört bist.

Setze dich aufrecht hin oder stehe mit leicht gebeugten Knien, sodass deine Füße fest auf dem Boden stehen.

Schließe die Augen und atme ein paar Mal tief ein und aus, um dich zu entspannen.

2.   Verbindung zur Erde (Erdung):

Stelle dir vor, dass aus deinen Fußsohlen (oder, wenn du sitzt, aus deinem Steißbein) Wurzeln wachsen, die tief in die Erde hineinreichen.

Visualisiere, wie diese Wurzeln immer tiefer und tiefer in den Boden wachsen, bis sie eine stabile Verbindung zur Erde hergestellt haben.

Spüre die Kraft der Erde unter dir, ihre Stabilität, Ruhe und die nährende Energie. Stell dir vor, wie diese Energie durch die Wurzeln aufsteigt und deinen Körper stärkt.

3.   Atem und Energiefluss:

Beginne nun, dich auf deinen Atem zu konzentrieren. Atme ruhig und tief ein und aus.

Visualisiere bei jedem Einatmen, wie du frische, reine Energie aus der Erde aufnimmst, die sich über deine Füße oder das Steißbein in deinen ganzen Körper ausbreitet.

Diese Energie bewegt sich langsam nach oben und durchströmt deine Beine, deinen Rumpf, Arme und Hände, deinen Hals, bis sie schließlich deinen Kopf erreicht.

Beim Ausatmen lasse alle Anspannung und verbrauchte Energie nach unten in die Erde abfließen, wo sie neutralisiert und transformiert wird.

4.   Freier   Energiefluss   durch   den Körper:

Stelle dir vor, dass diese frische, erdende Energie jetzt ungehindert durch deinen gesamten Körper fließt. Spüre, wie sie durch jeden Muskel, jedes Organ und jede Zelle deines Körpers zirkuliert.

Wenn du irgendwo in deinem Körper Blockaden oder Spannungen bemerkst, lenke deinen Atem und deine Aufmerksamkeit dorthin. Stelle dir vor, dass die Energie sanft durch diese Bereiche fließt und die Blockaden löst.

5. Verbindung von Erde und Himmel:

Stelle dir nun vor, dass über deinem Kopf ein helles Licht (wie die Energie der Sonne oder des Universums) strahlt.

Mit jedem Einatmen lass diese himmlische Energie durch deinen Scheitel in deinen Körper strömen, bis sie sich mit der Erdenergie in deinem Herzen vereint.

Spüre, wie sich die beiden Energien – die ruhige, stabile Erdenergie und die lichte, expansive Himmelsenergie – in deinem Herzen harmonisch vereinen und ein strahlendes Gefühl von Balance, Kraft und Frieden schaffen.

6. Abschluss:

Bleibe in diesem Zustand für ein paar Atemzüge und genieße die Harmonie und den Fluss der Energie in deinem Körper.

Wenn du bereit bist, lass die Visualisierung langsam verblassen und bringe deine Aufmerksamkeit sanft zurück in den Raum.

Bewege langsam deine Finger und Zehen und öffne die Augen, wenn du bereit bist.

Diese Meditation kannst du regelmäßig durchführen, um dich geerdet und energetisch ausgeglichen zu fühlen. Sie hilft, Stress abzubauen, das Immunsystem zu stärken und ein Gefühl der inneren Balance zu fördern.

Glücksmeditation – Anleitung

Finde einen ruhigen und bequemen Ort, an dem du ungestört bist. Setze dich aufrecht hin oder lege dich hin, wie es dir am besten gefällt.

Schließe die Augen und nimm ein paar tiefe Atemzüge, um dich zu entspannen. Spüre, wie du mit jedem Atemzug ruhiger wirst.

Lenke deine Aufmerksamkeit auf deinen Körper und deinen Atem. Spüre die Leichtigkeit deines Atems und den Kontakt des Bodens oder des Sitzes mit deinem Körper. Erlaube dir, einfach nur da zu sein und dich auf den Moment einzulassen.

Rufe nun ein glückliches oder erfüllendes Erlebnis aus deinem Leben ins Gedächtnis. Es kann ein besonderes Erlebnis sein oder einfach ein Moment, der dir ein Lächeln aufs Gesicht zaubert – vielleicht ein schöner Tag, eine liebevolle Umarmung, eine Reise, eine bedeutungsvolle Begegnung oder ein Erfolg, der dir Freude bereitet hat.

Stelle dir diesen Moment so lebendig wie möglich vor. Tauche ein in die Szene, erinnere dich an die Details, an Gerüche, Farben und Töne.

Lasse die Gefühle der Freude, Dankbarkeit und des Glücks in dir aufsteigen, so als würdest du den Moment gerade noch einmal erleben.

Wenn du dir den Moment vorstellst, spüre das Lächeln, das auf dein Gesicht kommt und wie sich dein Herz leichter und heller anfühlt. Lasse diese positiven Gefühle in deinem Körper zirkulieren und nimm wahr, wie sie sich ausbreiten.

Nimm das Gefühl der Dankbarkeit wahr, das dieser Moment in dir weckt. Sei dankbar für dieses Erlebnis und für all die kleinen Dinge im Leben, die dich glücklich machen.

Du kannst dir innerlich sagen: „Ich bin dankbar für dieses Glück", oder „Ich bin dankbar für die Momente, die mein Herz zum Lächeln bringen."

Stelle dir vor, dass das Glück und die Dankbarkeit, die du fühlst, wie ein warmes Licht in deinem Herzen gespeichert werden. Dieses Licht kannst du immer wieder abrufen, wenn du es brauchst. Es ist ein Anker, der dir jederzeit positive Energie schenken kann.

Stelle dir vor, dass du dieses Gefühl von Glück und Dankbarkeit in deinen Alltag mitnimmst. Visualisiere, wie du dieses Licht mit anderen teilst, durch ein Lächeln, freundliche Worte oder einfach durch deine positive Ausstrahlung.

Nimm noch ein paar tiefe Atemzüge und spüre, wie das Gefühl des Glücks in deinem Herzen bleibt.

Öffne langsam die Augen und komme zurück in den Raum, getragen von diesem inneren Licht.

Dein Leben ist dein Kunstwerk

Ist das nicht ein wunderschöner Gedanke? – Die Idee, dass wir unser Leben wie ein Künstler gestalten können, als sei es ein Werk der Kunst. Jeder Tag ist wie ein Pinselstrich, jeder Schritt, jede Entscheidung ein Teil der Komposition und wir selbst sind die Künstler dieses Werkes.

Wie bei einem echten Kunstwerk gibt es Phasen des Zweifels, Momente der Inspiration und Zeiten, in denen es chaotisch aussieht. Doch am Ende formen all diese Erfahrungen ein einzigartiges Ganzes, das niemand sonst genauso erschaffen könnte.

Es bedeutet auch, dass wir uns Freiheit nehmen können, die Farben und Formen unseres Lebens immer wieder neu zu wählen, Altes zu übermalen, Details zu überarbeiten und mutige Akzente zu setzen. Unser „Kunstwerk" darf sich ständig verändern, denn es gibt kein fertiges Bild und keine endgültige Version.

In dieser Sichtweise steckt Mut und Verantwortung: Wenn das Leben unser Kunstwerk ist, liegt es an uns, es so zu gestalten, wie es zu uns passt – ganz ohne Perfektion, aber voller Authentizität, Lebensfreude und Glückseligkeit.

Nachwort

Liebe Leserinnen und Leser,

Mit einem tiefen Gefühl der Dankbarkeit schließe ich dieses Buch ab. Der Prozess des Schreibens war für mich eine Reise der Selbstentdeckung und Reflexion. Als Autorin war es mein Ziel, meine Geschichte zu erzählen, Ideen zu teilen oder Informationen zu vermitteln, die einen positiven Einfluss auf dein Leben haben.

Ich möchte mich herzlich bei all jenen bedanken, die mich auf dieser Reise unterstützt haben. Meine Familie und Freunde, die mich ermutigt und inspiriert haben, und die Lektoren, die mit ihrer Expertise und Hingabe dazu beigetragen haben, dieses Werk zu verbessern.

Während ich diese Zeilen schreibe, denke ich an die Anfänge dieses Projekts und die Höhen und Tiefen, die es mit sich brachte. Jeder Schreibtag war eine Lektion, und ich hoffe, dass du genauso viel Freude beim Lesen hattest wie ich beim Schreiben.

In diesem Nachwort möchte ich auch einen Blick auf die Zukunft werfen. Die Welt ändert sich ständig, und ich hoffe, dass die Botschaften dieses Buches auch in den kommenden Jahren von Bedeutung sein werden. Wenn auch nur eine Idee oder eine Passage in diesem Buch dazu beitragen kann, dein Leben zu bereichern oder dich zum Nachdenken anregt, dann hat dieses Werk seinen Zweck erfüllt.

Abschließend möchte ich dir, liebe Leserin und lieber Leser, meinen herzlichen Dank aussprechen. Deine Zeit und Aufmerksamkeit bedeuten mir viel. Wenn du von diesem Buch inspiriert oder berührt wurdest, dann ist dies der größte Erfolg für mich als Autorin.

Mit den besten Wünschen,

Marija Ravlic